42개 질문으로 누구든지 연극 만들기

지은이 김균형은 1980년 강원도 원주고등학교를 졸업하고 1988년 한양대학교 연극영화학과를 졸업하였으며, 이후 프랑스에 유학하여 파리 제3대학(소르본느 누벨)에서 연기로 석사학위를, 연출로 박사학위를 받았다. 1997년 이후 현재까지 광주에 있는 호남대학교 다매체영상학과(연극영화학과)에 재직 중이다. 「뮤지컬에서 발성에 대한 연구」(『공연문화』 12, 2006), 「피터 브룩의 부프 뒤 노르」(『프랑스 문화연구』 13, 2006), 「한국적인 뮤지컬의 탄생 조건에 대한 연구」(『프랑스 문화연구』 15, 2007), 「프랑스 뮤지컬 노트르담 드 파리의 구성연구」(『프랑스 문화연구』 17, 2008), 「한국 라이선스 뮤지컬의 현실과 개선방안에 대한 연구」(『공연문화연구』 18, 2009)를 비롯 약 30여 편의 논문을 발표하였으며, 『화술 A to Z』(소명출판, 2006)과 『연극제작 이렇게 한다』(개정판, 예니, 2009) 등 12권의 저작과 번역을 출판하였고, 〈생활의 발견〉(작/연출, 2006), 〈과일인간〉(연출, 2006), 〈뜨거운 양철 지붕 위의 고양이〉(연출, 2007), 〈창작뮤지컬 위대한 유산〉(작/연출, 2008), 〈창작뮤지컬 아련히 떠오르는〉(작/연출, 2008), 〈창작뮤지컬 사랑은 소리 없이〉(작/연출, 2009), 〈그녀들 옥상에 오르다〉(작/연출, 2009) 등 총 15편의 공연을 연출하거나 쓰고 연출했다.

42개 질문으로 누구든지 연극 만들기

초판 인쇄 2009년 11월 5일 **초판 발행** 2009년 11월 10일
지은이 김균형 **펴낸이** 박성모 **펴낸곳** 소명출판 **출판등록** 제13-522호
주소 서울시 서초구 서초동 1621-18 란빌딩 1층
전화 02-585-7840 **팩스** 02-585-7848 **전자우편** somyong@korea.com

값 17,000원
ISBN 978-89-5626-432-5 03680

MAKING THEATRE BY 42 QUESTIONS!

누구든지

42개 질문으로 연극 만들기

김균형 지음

소명출판

책머리에 - 쉽게 연극에 접근하기 위하여

연극을 만드는 것은 어려운 일인가? 간단하다. 쉽지 않다. 분명, 쉽지 않은 일이다. 그럼에도 불구하고 많은 초 · 중 · 고 · 대학 현장에서, 그리고 사회에서도 이 어려운 연극을 제작하느라 많은 시간과 노력을 투자하고 있다. 이 책을 기획하게 된 직접적인 이유는 바로 여기에 있다. 정말 연극이 어려운 것인가? 연극을 제작하는 것에 대한 조금이라도 쉬워질 수 있도록 하기 위한 방도는 없는 것인가?

이런 이유에서 이 책은 주로 직접적이고 실질적인 방법을 얘기하고자 한다. 보다 간편하고 쉽게 연극을 제작할 수 있도록 제작하는 방법을 설명하고자 한다. 그래서 간단한 요약인 마인드맵을 첨부하였고, 나머지 설명도 분명하게 이해되도록 가능한 번호를 붙이는 방법을 선택했다.

마인드맵을 먼저 보자. 그리고 각 항목을 이해하자. 그리고 설명을 보자. 물론 모든 것이 설명된 것은 아니다. 또한 마인드맵에 없는 항목이 설명된 경우도 있다. 그러므로 전체를 읽고 이해할 필요가 있다. 기본적으로는 마인드맵에 있는 내용은 최소한의 필수적 내용이고 설명은 그것에 대한 보충 혹은 심화의 내용이라 생각하면 된다.

이 책은 크게 세 부분으로 구성되어 있다. 제1부에서는 연극에 관한 최소한의 지식을 7개의 질문으로 나누어 설명하였고, 제2부에서는 이 책의 핵심 내용인 연극제작 방법에 대하여 대본 선택부터 공연을 마친 후 공연 평가에 이르기까지 총 34개의 항목으로 나누어 설명하였으며, 마지막 제3부에는 창작뮤지컬 〈첫째 사랑할 것!〉의 대본과 악보 그리고 공연사진을 첨부하였다.

이 책은 연극을 제작하고자 하는 목적을 가진 사람들이 스스로 공연을 제작할 수 있도록 공연 제작 전 부분에 대하여 설명하고자 하는 것이다. 이 책이 현장에서 어렵게 연극을 만들고 있는 여러분의 목적에 보탬이 되기를 진심으로 바란다.

2009년 여름

제1부 연극이란?

제2부 연극제작 실제

제3부 창작 뮤지컬 〈첫째 사랑할 것!〉

제1부

연극이란?

1. 무엇을 연극이라 부르는가?

사전에서는 연극에 대하여

"배우가 연희의 장소에서 관객을 앞에 두고 희곡 속의 인물로 분장하여 몸짓 동작과 대사로써 만들어 내는 예술"이라 정의한다. 즉 연극에는 배우, 장소, 관객, 희곡 등의 요소들이 필요하며, 배우는 주체로서, 장소는 행위가 벌어지는 공간으로서, 관객은 배우라는 주체의 상대역으로서, 희곡은 표현해야 하는 내용으로서 각각 존재한다.

그러나 사실 연극은 이렇게 쉽게 정의내리기 어렵다. 왜냐하면,

① 연극이란 인간을 그리는 예술이기 때문이다. 그리고 "인간이란 이렇다"고 한 마디로 분명하게 단정 지을 수 없기 때문이다. 물론 연극의 등장인물이나 주인공이 인간이 아닌 경우도 많다. 예를 들어 세계적으로 유명한 뮤지컬인 〈캣츠Cats〉나 〈라이온 킹Lion King〉처럼 인간이 아닌 동물을 주인공으로 표현하는 작품들도 있다. 그러나 그런 작품들에서도 공통으로 얘기하는 것은 모두 인간이다. 보다 분명하게 혹은 보다 극적으로 혹은 보다 세밀하게 혹은 표현하기 애매한 부분을 보다 정직하게 등등의 여러 가지 다양한 이유에 의하여 동물을 빌어 표현할 뿐 연극에서 언제나 공통으로 관심을 가지는 것은 인간뿐이다.

② 연극에는 그 시작부터 끝에 도달하기까지 무언가 구체적인 것이 없

기 때문이다. 수학에는 문제를 풀기 위한 정확한 공식이 있고 해답이 있다. 음악에도 연주되어야 할 정확한 기록인 악보가 있다. 반면 연극에는 희곡이 있으나 그것은 모든 사람들에게 동일하지 않다. 더군다나 도착하는 목적지도, 또 읽고 난 이후의 감정도 사람마다 다르다. 읽는 사람에 따라 느낌도 다르고 표현하는 방법도 다르다. 희곡이란 대략적인 감정적 흐름의 기록이지 정확하게 적용되어야 하는 악보나 공식과는 전혀 다른 것이다. 또한 공연이라는 구체적인 형태가 있으나 그것 역시 한 순간에 보여지고 사라질 뿐 그 공연 자체가 남지 않는다. 그러므로 연극이 시작되기 이전에도 또 끝난 이후에도 뭔가 정확하고 구체적인 어떤 것이 존재하지 않는다.

③ 마지막으로 연극이란 예술의 한 분야이기 때문이다. 그리고 예술이란 오늘 이 순간까지 계속해서 그 의미와 의의가 바뀌고 있는, 그래서 그 정의가 언제나 불분명한, 그리고 그것이 추구하는 것도, 도달하고자 하는 곳도, 또 방법적인 면에서도 너무나 애매모호한 가장 대표적인 인간 행동이다.

이런 이유들로 인하여 연극에 대해 한 마디로 분명하게 정의내리는 것은 쉬운 일이 아니다. 그렇다면 마지막 예술에 대한 정의부터 시작해서 연극의 정의를 다시 생각해 보자.

2. 예술을 예술이라 부르는 이유는?

① 예술이란 우선 개인적인 감정의 표현이다. 무언가를 보거나 듣거나 혹은 느꼈을 때 그것으로부터 자신 속에 생겨나는 어떤 반응, 즉 감정을 표현하는 것이 예술이다. 이 반응을 자신이 사용할 줄 아는 시청각적 재료를 이용하여 표현한 것이 예술이다. 그 재료가 글이라면 문학이 되고, 몸이라면 연극이나 무용이 될 것이며, 물감이라면 그림이 되고, 필름이라면 영화가, 악보라면 음악이 될 것이다(건축도 예술의 한 분야로 분류된다).

② 그런데 감정이란 자신의 현재 상태와 자신을 둘러싸고 있는 주변 상황, 다르게 말하자면 자신의 실체와 존재조건 사이에 뭔가 차이가 있다고 느낄 때 생겨난다. 만족한 상황에서는 당연히 아무 것도 솟아나지 않을 것이다. 감정이란 내가 지금 처해 있는 현실이 내가 원하는 현실과 다를 때 생겨나기 때문이다.

③ 이런 차이로부터 자신의 현재 상황을 더 좋은 방향으로 바꾸려는 욕구가 생길 것이고, 그런 욕구를 가지고 무언가 행동을 하게 되며, 그것이 앞에 얘기한 재료들을 이용하여 표현하게 될 때 그것은 예술창작을 위한 첫 걸음이 될 수 있다. 즉 현재의 실체를 개혁, 증진, 변화 혹은 삭제 시키고자 하는 의도와 목적에서 무언가 행동을 하게 되고 그것이 사람들이 예술이라 얘기하는 재료와 기술을 이용하여 무언가를 만들게 될 때 창작은 시작될 수 있다는 것이다. 예술이란 즉 현실과는 다른, 혹은 현실보다는 더 낳은 실체의 탐구, 즉 이상을 실현하고자 하는 욕구에서 출발한다.

④ 그럼 위에 얘기한 조건에 맞는다면, 그런 모든 행동은 예술의 첫 걸음이라 볼 수 있는가? 그럴 수는 없을 것이다. 방법의 탐구가 예술이라는 이름으로 불리기 위해 최소 두 가지의 조건을 만족시켜야 하는데, 그 하나는 "객관화되어야 한다"는 것과 또 다른 하나는 그 "범위가 현재에 머물러서는 안 된다"는 것이다. 즉 그 다루는 주제가, 예를 들어 노동운동이나 혹은 스포츠와 같이, 현재의 시사적인 문제 자체에 너무 제한되어서는 안 되며 또한 너무 개인적인 생각만 주장해도 곤란하다는 것이다. 반대로 보다 많은 사람들이 일반적으로 공감할 수 있어야 하고 또한 좀 더 본질적인 것에 대한 관심이어야 한다. 예술에서 얘기하는 본질적이란 "어떻게 사는가?" "왜 사는가?" 등과 같은 "사는 방법"에 대한 것을 말한다. 이를 다른 말로 표현하면 인간의 존재조건에 대한 물음이라는 것이다. 그러므로 예술은 삶을 개선하기 위한 일종의 실천철학이다.

⑤ 정리해서 말하자면, 예술이란 근본적인 존재조건에 대한 생각이나 의도를 자신이 사용할 줄 아는 재료를 이용하여 시청각적으로 구체화시킨 형태이며 예술가 개인이 자신의 존재조건을 초월하는 방법이며, 그 방법이 보편화 탈동시대화될 때 창작은 존재가치를 인정받을 수 있다. 이를 연극에 대입하면, "연극이란 근본적인 존재조건에 대한 생각이나 의도를 배우들의 연기를 통하여 시청각적으로 구체화시킨 예술형태"라 말할 수 있을 것이다.

3. 연극의 종류는?

1) 사실주의 / 비사실주의 / 반사실주의 – 우선 크게 표현양식에 따라 사실주의와 비사실주의 그리고 반사실주의를 말할 수 있다.

사실주의란 20세기 들어 일반화된 연극 스타일로써 보통 우리의 일상을 그 표현 방법으로 하고 그 주된 주제와 소재도 일상이나 현실을 대상으로 하는 것을 말하며 러시아의 콘스탄틴 스타니슬라브스키Constantin Stanislavski에 의하여 체계화되었고 체홉Anton Chekhov의 〈세자매〉, 〈벚꽃동산〉 등이 대표적인 희곡이다.

비사실주의는 서사적인 면이 강하다. 즉 시간의 흐름을 따라 인물의 행동을 전개해 나가는 방법을 취하므로 당연히 소재가 일상이나 현실과는 다소간 멀어지게 된다. 그러나 보다 큰 차이는 표현방법에 있다. 사실주의 연극이 배우와 역할의 동화와 배우와 관객의 동화를 통하여 무대와 객석에 동일한 감정적 흐름을 그 표현방법으로 하는데 비하여, 비사실주의는 모든 종류의 동화를 거부하고 그 반대인 이화(거리를 두는 것)를 요구한다. 즉 배우는 배역과 동화되지 않고 반대로 배역을 관객들에게 설명하려 하고, 관객 역시 배역에 동화되지 않고 연극을 보면서 그 내용에 대하여 이성적 평가를 해나가야 하는 것이다. 독일의 베르틀트 브레히트Bertolt Brecht가 이 비사실주의로서의 서사극을 대표하고 있으며 〈사천의 착한 선인〉, 〈코카서스의 백묵원〉 등의 작품이 있다.

반사실주의는 주제와 소재 면에서 앞의 두 형태와는 완전히 다르다. 흔히 실험극 하면 생각나는 이상한 행동이나 나체, 혹은 소리 지르는 것,

기괴한 행동 등을 연상할 수 있다. 이렇게 하는 이유는 반사실주의는 일상이나 현실에 관심을 두는 것이 아니라 근원적인 인간의 원형에 대해 관심을 가지기 때문이다. 즉 우리의 현실이란 살아가는 핑계에 의하여 치장된 거짓이고 그 아래에 진실이 있으며 예술이 관심을 가져야 하는 것은 바로 이 감추어진 진실이라는 생각 때문이다. 프랑스의 앙또냉 아르또Antonin Artaud가 대표적이며 〈첸치 일가족Les Cencis〉을 공연한 바 있다.

2) 비극 / 희극—비극과 희극이란 구분은 그리스 시대 아리스토텔레스Aristoteles부터 시작된다.

비극이란 고귀한 사람들의 추락에서 오는 연민의 정으로부터 환기되는 비극적 감정을 통하여 감정의 정화를 추구하는 연극이며, 희극이란 보통 사람들을 비꼬고 흉내 내면서 즐기는 웃음으로 구성된 극을 의미한다. 간단하게 말하자면 비극이란 슬픈 내용을 다루거나 혹은 슬픈 결말로 맺어지며 사람들에게 눈물을 요구하는 연극을 말하고, 희극이란 유쾌하게 웃고 즐길 수 있는 연극을 말한다. 그러므로 그 내용이나 형식에 따라 또한 수많은 종류의 비극과 희극이 있을 수 있다. 또한 이런 양식들이 뒤섞인 희비극이나 비희극도 있을 수 있다.

대표적인 비극으로 셰익스피어William Shakespeare의 〈리어왕〉, 〈로미오와 줄리엣〉 등을 들 수 있으며, 희극으로는 〈동 쥐앙〉, 〈상상병 환자〉 등을 쓴 프랑스 작가 몰리에르Molière의 대부분 작품들을 들 수 있다.

3) 시대에 따른 다양한 연극

① 그리스 연극 — 산 중턱에 만들어진 천장이 없는 극장에서 대략 기원전 5세기경에 공연되던 연극으로 에우리피데스Euripides, 소포클레스Sophocles, 에이스킬러스Aeschylus 등의 작가들 작품이 현재까지 전해진다.

② 로마 연극 — 마차경주라든가 혹은 매우 잔인한 검투사 경기 등 많은 오락이 있었으며 연극도 그런 부류의 하나로 활용되어 매우 타락하고 부도덕한 내용을 다루었다. 테렌스Terence와 세네카Seneca 등의 작품이 있다.

③ 중세 연극 — 로마의 타락을 거부하는 의미에서 최초에는 연극을 금지하였으나 차츰 연극의 교육적 힘을 이해하고 성당에서부터 연극을 다시 시작하게 되어 차츰 성당 밖 광장에서 행하게 되었고 이후에는 다른 지역으로까지 움직이면서 공연하게 되었다. 대체로 도덕을 강요하였고 권선징악을 강조하였다. 그리고 모든 내용은 하느님과 그에 관련된 내용으로 제한되어 있었다.

④ 르네상스 연극 — 마차를 이용하여 유럽 전역을 순회하던 코메디아 델라르떼commedia dellarte를 중심으로 연극이 새롭게 활성화되었다. 이 연극들은 종교적인 억압에서 벗어나고자 했으며 이 시대를 시작으로 연극은 급격하게 오락화 세속화되기 시작했다.

⑤ 신고전주의 — 18세기 프랑스에서 고전에 대한 관심으로부터 그리스 로마 시대 등에서 소재를 얻어 주로 웅장함과 격식을 찾던 연극 형태를 말하며, 삼일치 법칙(시간 · 장소 · 행동의 일치), 5막 구성 원칙

등이 이 시대에 주장되었다. 꼬르네이유Pierre Corneille, 라신느Jean Racine, 몰리에르Jean Baptiste Poquelin, Molière 등이 대표적이며 볼테르François-Marie Arouet, Voltaire와 디드로Denis Dedrot도 이 경향에 포함된다.

⑥ 낭만주의 — 19세기말 크게 유행했던 현실을 벗어나 이상을 찾으려는 형태의 연극을 말하며 괴테Johann Volfgang von Goethe, 쉴러Johann Christoph Friedrich von Schiller, 위고Victor Hugo, 뒤마Alexandre Dumas 등이 대표적인 작가들이다(보통 희망은 파랑새로 대표됨).

⑦ 상징주의 — 20세기 초 사실주의에 반발하여 세상의 모든 것은 상징으로 이루어져 있으므로 사실적인 표현보다 상징적인 표현에 치중하려던 연극형태를 말하며, 스트린드베리히Johan August Strindberg, 입센Henrik Ibsen, 로르카Garcia Lorca, 메테를링크Maurice-Polydor-Marie-Bernard Maeterlinck 등이 대표적인 작가이다.

⑧ 표현주의, 초현실주의, 다다이즘 — 20세기 초반 개인적인 세계를 강조하여 다소간 세상을 왜곡되게 표현했던 연극형태를 의미하며 마리네티Filippo Tommasso Emilio Marineti, 자라Tristan Zara, 아라공Louis Aragon 등이 대표적이다.

⑨ 부조리연극 — 20세기 중반 이오네스코Eugene Ionesco와 베케트Samuel Beckett로 대표되는 연극으로서 인생의 부조리함을 특히 강조하는 연극의 한 장르를 말한다.

⑩ 제의연극 — 20세기 중반 이후 주로 실험연극 쪽에서 추구하던 연극형태로 연극을 일종의 원시제의처럼 생각하여 그런 분위기를 무대에 도입하려는 연극을 말한다.

⑪ 극장주의 — 20세기 초반 나타난 연극형식으로 연극은 사실주의와

같이 현실처럼 무대를 보여주는 것이 아니라 "극장은 극장이고 연극은 연극이다"라는 전제에서 연극을 하자는 연극이며 메이어홀드Vsvolod Meyerhold와 피란델로Luigi Pirandello가 대표적이다.

⑫ 뮤지컬 ― 원래는 프랑스에서 시작된 음악극이지만 1920년대 미국에서 발달하여 현재 세계에서 가장 흥행에 성공하고 있는 음악 중심의 연극을 말하며 〈캐츠Cats〉, 〈오페라의 유령Phantom of the opera〉, 〈미스 사이공Miss Saigon〉, 〈레미제라블Les Misérables〉을 세계 4대 뮤지컬이라 칭한다.

⑬ 이외에도 게릴라극(마치 게릴라처럼 문제가 있는 장소 이곳 저곳에 나타나 문제를 제기하고 사람들의 행동을 유도하는 연극), 컬트극(어떤 특별한 취향의 사람들이 자신들만의 주제와 소재로 만드는 연극), 마임극(마임으로만 처리된 연극), 그림연극(배우나 무대를 이용하여 마치 그림을 그리듯 시각효과 위주로 공연되는 연극), 무용극(무용을 주 표현 수단으로 활용하는 연극), 문화상호주의(연극의 여러 종류, 혹은 연극 이외의 다른 예술형식들의 표현방식을 이용해 만드는 연극), 전통극(과거의 형태 그대로가 아니라 현재에 맞게 새롭게 구성한 전통연극) 등처럼 공연의 특징과 형태 및 내용을 섞어 다양한 이름의 공연들이 존재할 수 있다.

●●● 보통 5세기 로마제국의 몰락과 함께 중세가 시작되었다고 보고, 르네상스Renaissance는 14세기 후반 이후 이탈리아부터 시작되었다고 본다. 중세를 하느님에 의해 가려진 인간성 상실의 암흑시대라 칭하며 이를 벗어나 고대에 찬란한 문명을 꽃피웠던 그리스 로마 시대의 문화를 되살리고자 했던 경향이 바로 르네상스이다. 이 르네상스 시대를 거치면서 연극

뿐 아니라 예술은 급격한 변화를 겪게 된다. 그때까지의 모든 가치가 완전히 뒤집히는 변화를 맞이하게 된다. 이런 변화는 긍정적인 부분도 있지만 부정적인 부분도 매우 많다. 그것을 정리하면,

① **예술의 창작과 소유가 개인화되었다.** 이전까지는 모든 것이 집단의 개념 하에 이루어졌다.
② **"신"이라는 공통분모가 사라지게 되었다.** 사람들은 더 이상 "신"을 믿지 않게 되었고 연극에서도 신을 찾지 않게 되었다.
③ **형태에 의하여 구속되기 시작했다.** 자유롭게 구속 없이 행해지던 연극이 무대와 객석으로 구분되면서 양쪽이 모두 구속되기 시작했다.
④ **상시공연으로 변화하게 되었다.** 특별한 날에 특별한 목적으로 행해지던 공연이 이제는 상업적으로 변화하여 매일 무대에 오르게 되었다.
⑤ **전체가 일부로 변화하게 되었다.** 대동놀이의 개념은 사라지고 능력 있는 사람만이 연극에 그리고 예술에 접근할 수 있게 되었다.
⑥ **오락적이 되었다.** 교육적인 목적은 사라지고 보다 많은 사람들이 극장에 올 수 있도록 하기 위하여 오락적이 되었다.
⑦ **돈을 내게 되었다.** 연극이 상업적이 되기 시작하면서 관객들은 공연을 보기 위하여 돈을 내기 시작했다.
⑧ **표현방식에 근본적인 변화가 생기게 되었다.** 극장이 실내로 들어가면서 시청각적 표현보다는 시각적 표현이 우세해지기 시작했다.
⑨ **무대와 객석이 분리되기 시작했다.** 직업으로서의 배우가 본격화되기 시작하면서 무대와 객석의 분리가 분명하게 시작되었다.
⑩ **카타르시스 기능이 약화되며 존재의 정당성이 상실되었다.** 오락성

을 앞세운 연극에서 카타르시스의 기능은 찾을 수 없다. 즉 원형연극이 가지던 연극 존재의 정당성을 상실하게 되었다.

4. 연극의 특수성이란?

① 순간성 — 연극이란 공연이 이루어지는 현장에서의 그 순간에만 존재한다. 이것이 흔히 사람들이 공연예술이라 분류하는 연극의 가장 큰 특징이다. 물론 비디오 등과 같은 매체로 기록이 가능하지만 그것은 기록된 것이지 그것이 작품 자체를 의미하지는 않는다. 왜냐하면 거기에는 연극을 이루는 가장 중요한 요소인 관객이 빠져 있고 특히 공연 순간에 관객과의 상호교류에 의해 만들어지는, 흔히 사람들이 "생생함"이라 얘기하는, 극적 긴장감이 기록되어 있지 않기 때문이다. 연극에서 가장 중요한 것은 바로 공연이 이루어지는 순간에 배우와 관객 사이에 형성되는 이런 묘한 분위기이다.

② 제한성 — 공연은 아무 곳에서나 가능하지는 않다. 물론 그로토브스키Jerzy Grotowski라는 폴란드 연출가가 주장한 것처럼 배우와 관객만 있으면 된다는 "가난한 연극"이라면 몰라도, 그렇지 않은 대부분의 연극에는 여러 가지 요소들이 필요하다. 그러나 그 모든 것들이 연극에서는 제한을 받는다. 왜냐하면 공연이 이루어지는 시간과 장소에서부터 제한이 있기 때문이다.

우선 공연은 시간의 제한을 받는다. 공연은 아무 때나 막 행해지지 않는다는 의미이다. 거기에는 약속된 시간이 있다. 그리고 관객은 그 약속된 시간에 온다. 만일 이런 약속된 시간이 없다면 그래서 관객이 아무 때나 자기가 편한 시간에 온다면 공연은 불가능할 것이다. 왜냐하면 연극이란 정해진 시간 속에서 "극적으로 구성된 일련의 스토리를 전개"해 나가야 하기 때문이다.

다음으로 공연은 공간의 제한을 받는다. 공연은 아무 곳에서나 행해지지 않고 대체로 극장이라는 정해진 공간에서 행해진다. (왜냐하면 극장에는 공연을 손쉽게 할 수 있도록 하는 기계장치인 무대와 조명이 있기 때문이다.) 거기에는 집도 새도 나무도 바다도 없다. 오로지 무대와 객석만이 있을 뿐이다. 그러므로 작품에서 지정하는 이곳저곳을 순식간에 모두 무대 위에 만드는 것은 쉬운 일이 아니다. (예를 들어 셰익스피어의 공연은 보통 20곳 정도의 장소가 변화된다. 만일 이 모든 곳을 무대에서 보여주려면 얼마나 어려울 것인가?) 즉 연극은 표현하기 위하여 공간의 제한을 받는다.

●●● 그렇지만 연극에서 제한이란 언제나 부정적인 것만은 아니다. 제한이란 사실적이 아닌 다른 방법을 찾도록 강제하며, 이로 인하여 **상징적인 방법**으로 제한을 벗어나려는 시도들이 연극의 표현을 사실적인 방법보다 오히려 더 풍부하고 무한하게 만들 수도 있기 때문이다.

③ **종합성** — 연극은 모든 것을 포함한다. 기본적으로 연극이란 인간의 삶과 관련이 있으며 인간은 모든 것을 포함하고 있는 존재이므로 인간의 삶을 그 표현의 대상으로 하는 연극이란 그 자체로서 종합적이다. 또한 연극에는 여러 예술 장르들이 동시에 포함된다. 거기에는 문학부터 음악 미술 건축 무용 등등의 모든 요소들이 기본적으로 포함된다. 즉 연극이란 근본적으로 다양한 예술형태들이 접합되는 종합적인 예술이다.

④ **상호교환성** — 연극이란 특히 그 사용하는 언어가 우리의 일상과 매

우 닮아 있다. 다른 공연예술인 무용이나 음악 연주가 일상을 그대로 사용하지 않고 자신만의 방법으로 변형시켜 사용하는데 비하여, 연극에서는 일상을 거의 있는 그대로 사용한다(예를 들어 연극에서는 말을 이용하여 표현하지만 음악에서는 노래나 멜로디를 이용하며, 연극에서는 간단한 손짓으로 누구나 이해가 가능하지만 무용에서는 그것을 무용적인 방법으로 복잡하게 만들어 사용한다). 연극은 말부터 행동이며 걸음걸이 표정 몸짓 등 모든 부분이 일상을 바탕으로 한다. 그러므로 다른 예술 형식들보다 손쉽게 배우와 관객 사이의 상호적 커뮤니케이션이 가능하다. 그리고 이런 상호 커뮤니케이션은 앞의 순간성에서도 이미 말한 것처럼 공연 순간에 달성된다. 그리고 그것도 배우와 관객 일대일의 반응이 아니라 관객들과 배우들 다대다의 유사한 반응으로 구성된다. 이것이 공연예술의 가장 큰 특징이다. 각각 하나 하나의 개인적 반응이 아니라 전체 집단으로서의 만남과 그 만남이 환기하는 유사한 반응의 교환. 예를 들면 문학이나 미술과 같은 다른 예술형태들에 있어서 감상이란 완전히 주관적인 것이다. 작가의 의도와는 전혀 상관없이 감상자가 원할 때 원하는 자세로 감상한다. 그리고 이 감상의 순간에 각각의 감상자들이 자기 속에 가지고 있는 서로 다른 해석과 관점으로 인하여 서로 다른 반응을 표현하는데 비하여 공연예술, 특히 연극은 공연이 이루어지는 그 순간에 무대와 객석 사이에 비교적 유사한 감정들이 서로 교환된다.

⑤ **이중성** — 연극은 신비롭다. 우선 무대라는 현실적인 장소이지만 현실적이지 않은 특별한 공간이 존재하고, 배우라는 어떤 구체적인 인물이 있지만 동시에 그렇지 않은 역할이라는 인물이 존재하고, 모두

가 현실이 아니라고 말하지만 결과적으로는 현실인 상황이 존재한다. 즉 연극이란 근본적으로 서로 상반되는 두 세계가 공존하는 이중의 세계를 창조한다. 그런데 매우 이상하게도 이 혼돈의 세계에 갇혀 길을 잃는 사람은 아무도 없다.

5. 연극의 기능은 무엇인가?

① 오락성 — 모든 예술이 공통으로 추구하는 가장 단순한 기능 중 하나는 오락성이다. 사람은 태어나면서부터 "하지 말아라", "안 돼"라는 금기사항taboo에 의해 자신의 욕구를 억눌러야 한다. 그러므로 이런 자유의 속박에 의한 스트레스를 일상에서 언제나 가지고 살고 있다. 따라서 삶이 제대로 진행되기 위해서는 이런 스트레스를 가끔씩 풀어주고 편안하게 해 줄 수 있는 어떤 상황이나 환경을 요구하게 되며 그것이 바로 오락에 의해 달성될 수 있다. 즉 오락을 통하여 사람은 삶의 무거운 짐을 내려놓고 휴식을 취할 수 있다는 것이다. 단 그 관심영역이 대체로 일상이나 혹은 시사와만 관련이 있기 때문에 오락만으로 예술성을 모두 얘기할 수는 없다.

② 대리성 — 연극에서 커뮤니케이션에 도달하기 위하여 사용하는 연극언어는 다른 예술에 비하여 복잡하지 않으며 보통 일상적인 방법을 활용한다. 즉 흔하게 우리가 일상에서 사용하는 언어나 제스처가 연극에서 사용하는 연극언어와 거의 동일하다는 것이다. 그리고 그런 표현에 관객들은 익숙하기 때문에 쉽게 동일화되어 무대 위 배우의 감정을 자신의 것으로 느낄 수 있다. 즉 실제로 행동하고 표현하고 느끼는 것은 배우지만 관객도 매우 쉽게 동일하게 행동하고 표현하고 느낀다는 것이다. 연극에서 배우를 통하여 느끼는 대리적인 체험이란 단순하게 대리에서 끝나는 것이 아니라 실질적인 체험과 마찬가지로 관객도 느끼게 되며 나아가 다른 예술형태에 비하여 그 체험강도가 매우 강하다.

③ 거리성 — 예술은 마지막으로 진정한 예술로서의 기능을 관객에게 제공하여야 한다. 오락성 거리성과 더불어 그리고 그런 기능들을 넘어 예술이 사람에게 영향을 끼쳐야 하는 것은 무엇일까? 그것은 바로 기회를 제공해야 한다는 것이다. 자신의 살아가는 모습을 자신 밖으로부터 객관적으로 바라볼 수 있는 시선을 제공해야 한다는 것이다. 즉 예술의 최후 기능이 자신의 현실을 이해하고 수정해 나가도록 하는 것임을 고려할 때 현실을 파악할 수 있도록 하기 위하여 자신의 현실을 떠나 자신의 외부로부터 자신을 볼 수 있도록 하는 것이 필요하다. 이처럼 자신의 현재 모습을 어느 정도 떨어진 거리로부터 바라보며 스스로에 대해 생각하고 필요하다면 자신의 길을 수정할 수 있는 기회를 주는 기능, 이것이 바로 예술의 거리성이며 이 기능은 예술이 예술이기 위하여 반드시 필요한 기능이고 이런 기능을 통하여 인간은 재탄생되고 삶을 지속할 수 있는 것이다. 앞의 오락성이 일시적이고 즉흥적인 스트레스 해소에 관련된다면, 이 거리성이란 스트레스를 주는 근원적인 요소에 대한 재고찰 기회를 줌으로써 그것으로부터 스스로의 해방을 가능하게 할 수도 있다.

6. 연극을 구성하는 요소를 조금 더 뜯어보면?

① **연기** — 연기란 배우를 말하고 배우에게 있어서 연기란 행동을 말한다. 그리고 배우의 행동이란 보통 우리의 삶에서 흔하게 이루어지는 것과 비슷하다. 몇몇 특수한 실험연극을 제외하고 보통 일반적인 연극에서 연기란 우리의 일상적인 살아가는 방식 자체를 그 표현방법으로 한다. 즉 말하고 듣고 걷고 뛰고 행동하는 대부분을 연기에서도 그대로 이용한다. 단 그 행동이 매우 함축적이고 집약적이며 정확해야 한다고 말할 수 있다. 즉 연기란 배우에게 주어진 역할을 표현하는 행위를 말하며, 자신과 역할의 공통분모를 찾아 스스로 그 모습으로 변화되어 가는 작업이라고 표현할 수 있다.

② **연출** — 연출이란 연극 제작에 관한 모든 것을 지휘 정리하는 일을 말한다. 가장 먼저 오디션이라는 과정을 통해 배우를 캐스팅하고 그들을 지휘하여 연습을 진행하며, 다음으로 무대 조명 의상 분장 등 모든 스태프 영역들 또한 자신이 의도하는 방향으로 인도하거나 수정하는 일을 담당한다. 즉 연극의 모든 부분을 통제하고 관리하고 특히 모든 것을 결정하는 역할을 한다. 연극에서 연출의 역할은 절대적이다. 그러므로 연출의 능력에 따라 연극은 많은 부분 달라진다.

③ **무대** — 무대란 당연히 배우들이 행동하고 살아갈 수 있는 공간을 만드는 것을 말하며 모든 스태프의 영역 중 가장 기본적이라 말할 수 있다. 왜냐하면 무대가 우선 결정이 되어야 나머지 모든 것들이 진행되고 결정될 수 있기 때문이다. 무대가 결정되지 않고 연극은

한 발짝도 나갈 수 없다. 우선 배우들의 움직임이 만들어질 수 없고 조명이 불가능하며 의상이며 소품 등의 색깔이며 놓이는 위치 혹은 모양 등도 전혀 진전될 수 없다. 즉 무대는 전체 공연의 기초를 이루는 요소이다.

대부분의 경우 무대에 대한 기본적인 설명은 대본에 존재한다. 그러나 그것은 작가가 대본을 쓰면서 생각해 낸 무대이다. 그것이 실제로 극장 무대에 그대로 올라갈 수는 없다. 일부 사실주의 작가들의 경우 무대에 대하여 그 색깔과 문의 방향에 이르기까지 세밀하게 설명해 놓고 있지만, 이것은 극장의 상태와 예산, 공연일자 혹은 공연되는 시대 등 여러 가지 요인에 의하여 작가가 생각하는 그대로 만들어지기는 쉽지 않다. 그리고 또한 극작가가 생각한 무대가 최상의 무대는 아닐 수도 있다. 왜냐하면 극작가는 극을 쓰는 사람이지 무대를 디자인하고 만드는 사람은 아니기 때문이다. 무대는 디자이너가 더욱 잘 디자인할 수도 있다. 특히 공연이란 대본을 있는 그대로 무대에 올리는 것이 아니므로 (사실 대본을 있는 그대로 무대에 올린다는 자체가 불가능한 일이다. 대본이란 악보가 아니기 때문이다.) 작가의 무대에 대한 스케치는 하나의 참고로 활용하는 것이 정상이고 본격적인 디자인은 디자이너가 완전히 새로운 공간으로 창조하여야 한다.

④ 조명 — 조명이란 현대 연극에서 가장 중요한 요소가 되었다. 그리고 앞으로도 가장 전망이 좋은 영역이다. 왜냐하면 결국 연극의 모든 것이 최종적으로 조명에 의하여 마무리되기 때문이다. 무대도 의상도 분장도 모두 조명이 어떻게 주어지는가에 영향을 받는다. 무

대를 완전히 살리거나 죽일 수 있는 것도 조명의 힘이다. 조명이란 단순하게 비추는 역할을 하는 것에서 벗어나 무엇보다 분위기 창조를 그 첫 번째 목표로 삼아야 한다. 즉 단순하게 잘 보이도록 하는 것은 조명의 너무도 단순한 기능이며 얼마나 상황에 적합한 분위기를 창조하는가가 바로 조명의 가장 핵심적인 기능이다.

조명은 사실 아무리 강조해도 지나치지 않다. 조명에서는 특히 그 "자연성"을 얘기해야 한다. 빛과 그림자에 의하여 만들어지는 입체를 만들어야 한다. 그것이 자연이기 때문이다. 조명, 정말 중요하고 모든 것에 생명을 주는 작업이다.

⑤ 의상 — 의상이란 말 그대로 옷을 말한다. 그러나 무대의상이란 단순하게 생각할 수 없다. 왜냐하면 관객들의 시선과 조명과의 관계에서 관찰해야 하기 때문이다. 즉 조명에 의하여 옷의 색깔이 변할 수 있으므로 색깔에 대한 토론이 사전에 가능해야 하고, 관객들의 시선을 방해하지 말아야 한다. 즉 쓸데없이 색깔이 많거나 복잡한 무늬 또는 필요 이상의 노출 등과 같이 관객의 시선을 피곤하게 할 수 있는 요소들은 사전에 차단되어야 한다. 동시에 배우들이 무대에서 편하게 움직일 수 있도록 해야 하며, 쉽게 입고 벗을 수 있도록 해야 한다.

〈I love you〉라는 뮤지컬을 공연하면서 배우들에게 가장 힘든 일이 무엇이었느냐고 질문을 한 적이 있다. 그 때 배우들이 대답한 것은 "옷 갈아입는 일" 이었다.

무대에서 의상이란 어떤 한 가지만을 생각해서는 안 된다. 우선 절대 일상적으로 입어서는 안 된다. 무대는 사실 실제의 공간이 아니다. 그것은 꿈의 공간이고 상상의 공간이다. 그런데 그런 공간을 일상에서 우리가 흔하게 입는 방법으로 입는다면 얼마나 어울리지 않을 것인가? 그리고 그렇게 아무렇게나 입은 배우들을 누가 바라볼 것인가? 무대에서 의상이란 정말 흔히 하는 표현으로 "있어보여야 한다." 뭔가 의미를 담은 것 같이 보여야 하며 뭔가 품위도 있고 분위기도 있고 또 의상 자체가 역할을 표현할 수 있어야 한다. 관객들이 어떤 배우가 입고 있는 의상의 색깔이며 형태 등을 보면서 곧바로 그 배우가 연기하는 역할의 성격이며 배경이며 분위기 등을 이해할 수 있도록 의상이 준비되어야 한다.

⑥ 음악 — 사실 여기에서 설명하는 연극의 모든 요소 중 중요하지 않다고 말할 수 있는 것은 없다. 당연히 무대 조명 의상 모두 너무 너무 중요하다. 그리고 여기에 추가되는 또 다른 한 가지! 음악, 음악도 매우 중요하다. 왜냐하면 음악은 바로 분위기를 고조시킬 수 있으며 주제나 상황을 한층 강조할 수 있기 때문이다.

사실 앞에서 얘기한 것처럼 예술이란 감정에 관련이 있다. 그것은 이성이 아니다. 즉 뭐라 딱 꼬집어 말할 수 없는 인간의 감정이 연극의 주제이고 소재이고 표현대상이고 또한 목표다. 그리고 그것에 어떤 면에서 보면 가장 어울릴 수 있는 것이 바로 음악이다.

그러나 사실 우리가 음악만 들으면서 그 달빛을 따라가기가 쉽지는 않고 푸른 초원에서 뛰어 놀기도 쉽지 않다. 또는 거대한 강의 흐름을 느끼기도 쉽지 않다. 왜냐하면 음악 자체는 너무 추상적이기 때문이다. 그러나 이런 추상적인 어떤 것들을 제시하기 이전에 분명하게 눈에 띄는 어떤 상황을 보여 주고 혹은 말을 이용해서 어떤 감정을 얘기하고 난 후 그 감정에 어울리는 음악을 배경으로 깔아준다면, 그 음악으로 인하여 그 감정은 훨씬 더 강력하게 관객에게 다가갈 수 있을 것이다. 이것이 연극에서 음악의 힘이다.

특히 최근 들어 뮤지컬이 국내 전체 공연예술 산업의 60%를 차지하면서 음악의 위치는 더욱 중요해져 가고 있다. 음악은 기본적으로 가장 추상적인 예술 형태이며, 동시에 가장 인간의 감정과 밀접한 관련을 맺고 있으므로 음악은 감정적인 강화를 위하여 활용된다. 그러므로 뮤지컬에서도 스토리는 대사로 감정적인 변화는 노래로 처리되는 경우가 많다.

⑦ **분장** — 분장은 화장과는 다르다. 화장의 목적이 아름다워지기 위한 것이라면 분장의 목적은 정보와 특징의 부여라 말할 수 있다. 그러나 그럼에도 불구하고 우선 분장은 매력이 있어야 한다. 분장을 통하여 배우를 최대한 관객들 눈에 띄게 만들어야 하기 때문이다. 다음으로 분장은 창조하는 것이 아니라 변경하는 것이다. 즉 어떤 인물에 대한 여러 가지 신체적인 조건을 분장을 통하여 한 눈에 알 수 있으며, 그 인물의 사회 경제적인 수준이나 외형적인 특징도 알 수 있도록 분장이 되어야 한다는 의미이다(즉 가면을 만들어야 한다는 것이다. 한 눈에 그것이 무엇인지 알 수 있는 가면. 물론 기괴하고 이상한 가면을 얘기하는 것은 아니다). 그러나 분장은 없는 것으로부터 완전히 새로운 어떤 것을 만드는 것이 아니라 기왕에 존재하는 것을 변경시킴으로서 그 목적을 달성하는 것이라는 것도 분명하게 이해하고 있어야 한다.

⑧ **효과** — 효과는 크게 시각효과와 청각효과로 나눌 수 있다.

시각효과란 예를 들어 포그(fog, 공연이나 콘서트 등에서 볼 수 있는 무대에

뿌려지는 연기)나 혹은 특수조명 등을 이용하여 눈에 보이는 효과를 만드는 것을 말하고, 청각효과란 말 달리는 소리, 천둥소리 등 수 많은 종류의 소리를 말한다.

사실 공연 제작에는 이런 시청각효과가 매우 많이 사용된다. 특히 시각효과보다는 청각효과가 더 많이 사용되는데, 일반적으로 작품의 진행에 반드시 필요한 최소한의 음향효과부터 백그라운드 뮤직에 이르기까지 청각효과는 매우 다양하고 광범위하게 사용된다. 그리고 그 적절한 사용은 작품의 전체적인 완성도에 매우 큰 영향을 끼친다.

만일 최소한의 효과만이 사용되고 적절한 곳에 적절한 시청각적효과가 사용되지 않는다면 그 작품은 뭔가 투박하고 제대로 맛이 나지 않는 그런 작품으로 받아들여질 것이다. 왜냐하면 시청각효과란 바로 작품의 분위기를 제대로 유지하고 발전시키는 역할을 하는데 이런 기능을 담당하는 효과의 미사용으로 인하여 작품이 뭔가 거칠고 순화되지 않은 느낌을 전달할 수밖에 없기 때문이다. 시청각효과란 우리가 일반적으로 생각하는 것보다 더욱 중요한 역할을 한다.

그러므로 효과 담당자는 대본에 표시되지 않은 시각 혹은 청각적인 효과를 넣을 위치를 찾아야 한다. 물론 효과는 연출도 찾는다. 그리고 이 둘의 토론에 의하여 효과가 들어갈 위치가 결정되고 최종적으로 어울리는 효과를 찾아 삽입한다.

⑨ 기획 — 기획이란 사실 공연 전체를 통틀어서 가장 중요한 요소이다. 물론 작품 자체를 놓고 볼 때 연기와 연출이 보다 중요하다고 얘기할 수도 있지만 그들이 아무리 좋은 작품을 만들지라도 그것을

효과적으로 홍보하고 판매하여 많은 관객이 볼 수 있도록 만드는 기획이 자신의 역할을 제대로 수행하지 못하면 그 작품의 의미는 사라지고 만다.

기획이란 한 마디로 말해 예산관리와 홍보를 담당한다. 얼마의 돈을 들여 어떤 작품을 만들고 그 작품을 어떻게 관객들에게 알려 보다 많은 관객이 극장에 올 수 있도록 하여 이익을 극대화할 것인가? 이것이 기획이 담당하는 일이다. 그러므로 기획이 어떻게 작업하는가에 따라 어떤 작품이나 단체의 흥망이 결정된다. 기획, 연극제작 전 과정을 통하여 당연히 가장 중요한 일일 수밖에 없다.

7. 연극은……?

① **팀의 작업이다.** 연극을 제작한다는 것은 개인의 작업이 아니다. 설사 혼자 등장하는 모노드라마 공연을 하더라도 거기에는 팀이 구성되어 있다. 연극은 필연적으로 팀의 작업이다.

팀이란 비슷한 가치를 공유하고 비슷한 목적을 가지고 있는 집단을 말한다. 매일 하루의 일정시간을 함께 보내며 유사한 경험을 하고 있으므로 팀이 추구하는 가치와 목적은 비슷할 수밖에 없다. 연극을 제작하는 것도 바로 이런 팀이라는 이유에서 가능해진다. 그 팀이 직장이든 학교든 아니면 전공이든 서로 간의 선호도가 어느 정도 일치하기 때문에 팀이 결속되는 것이고 그 결속을 바탕으로 서로의 이해를 통하여 길고 지루한 연습이 진행되고 공연에 이를 수 있다. 그러므로 연극제작에 참가하는 모든 팀원들은 이 작업이 나 하나의 작업이 아니라 내 주변에 있는 모든 사람들이 함께 진행하는 작업이며, 그러므로 나의 태도가 주변 모두에게 매우 깊이 영향을 끼친다는 사실을 분명하게 인식하고 있어야 한다. 나의 지각이 모두를 기다리게 하고 나의 태도가 모두의 태도를 결정짓는다는 것을 인식하고 있어야 한다. 연극은 정말 팀의 작업이다.

② **순간의 작업이다.** 그림은 한 번 그려서 전시하면 언제나 동일한 그림이다. 조명이 좋든 나쁘든 관람하는 사람들이 많든 적든 시끄럽든 조용하든, 혹은 언제나 같은 자리에 있든 혹은 다른 곳으로 옮겨서 전시하든, 약간의 차이는 있을지 몰라도 한 번 그려진 그림은 언제나 동일한 그림이다. 영화도 그렇고 문학도 그렇다.

그러나 우리가 흔히 공연예술이라 말하는 연극이나 무용, 그리고 음악의 연주는 그렇지 않다. 관객의 웃음소리 하나가 배우의 집중을 흩트리거나 혹은 용기를 줄 수도 있으며, 크게 치는 박수 한 번으로 모든 사람들이 즐겁게 웃을 수도 있다. 즉 공연예술에서는 무대에 있는 배우나 연주자도 중요하지만 그 모든 것들은 관객들의 반응에 의하여 완성된다는 것이다. 이런 이유에서 공연예술이란 다른 예술 형태들과 다르다. 매번이 다르고 매 순간이 다르다.

게다가 연극은 또한 무용이나 오페라 혹은 음악연주와 또 다르다. 음악에는 악보가 있고 무용에는 정확한 자세가 있기 때문이다. 반대로 연극에는 그런 출발점이 없다. 모든 사람들이 다 각각의 고유한 출발점을 가지고 있다. 그러므로 새로운 작품을 시작할 때마다 새롭게 출발해야 한다. 따라서 연극을 제외한 다른 예술형태들에서는 공동의 연습을 실제로 그리 많이 요구하지 않는다. 오페라의 경우도 무용의 경우도 각자 연습하는 것으로 많은 전진이 있을 수 있다. 그러나 연극은 그렇지 않다. 혼자 하는 연습은 거의 의미가 없다. 왜냐하면 상황과 연출 배우 등에 따라 동일한 대사도 매일 달라지기 때문이다. 그러므로 연극은 언제나 함께 연습해야만 한다.

③ **끊임없이 반복되는 지루한 작업이다.** 연극은 정말 끊임없이 반복된다. 연습도 반복되고 공연도 반복된다. 정해진 짧지 않은 기간 동안 모든 것을 대략 외우고 연습하는 것이 아니라 완전히 몸에 기록하기 위하여 끊임없이 동일한 부분을 반복하고 또 반복한다. 이 얼마나 지루한 작업인가?

④ **계속해서 변신해 가는 언제나 새로운 작업이다.** 연극은 매일 반복되

는 지루한 작업이다. 그러나 사실 연극은 하루도 동일한 것을 반복하지 않는다. 연극에서 끊임없이 반복하는 것은 정확한 음의 높이와 길이가 아니라 주어진 역할을 어떻게 새롭게 만들어갈 것인가라는 새로운 것에 대한 혹은 다양한 것에 대한 끊임없는 새로운 시선주기이다. 동일한 어떤 대상에 대하여 사람들의 반응이 모두 다르므로 그런 다양한 반응들을 다양한 방식으로 연구하고 새롭게 찾아서 가장 보편적이면서도 가장 개인적인 행동을 찾는 것이 매일의 작업이다. 그러므로 연극이란 언제나 반복되는 지루한 작업이지만 동시에 항상 새로운 것을 찾는 작업이기도 하다.

8. 연극 볼 때 이런 13가지 생각을 하자!?

① 시공간적 예술의 특성 — 연극은 시간적인 형식이며 동시에 공간적인 형식의 예술이다. 이런 두 가지 방향을 제대로 활용하여 연극이 만들어졌는가?

② 형식과 내용 — 모든 내용에는 나름대로 거기에 어울리는 형식이 있다. 이런 형식과 내용이 제대로 어우러져있는가?

③ 종합적 — 연극은 기본적으로 인간의 모든 것을 포함한다. 그리고 인간이 사용하는 모든 도구, 인간이 관계를 맺는 모든 연계, 게다가 인간만의 특질까지. 이런 인간의 모든 면들이 종합적으로 표현되어 있는가?

④ 표현적 — 연극은 단순한 희곡의 시각화가 아니며 희곡과는 별도로 존재하는 하나의 표현양식이다. 단지 희곡을 충실하게 무대화하는 연극은 그러므로 연극이 아니다. 희곡을 넘어 연극 고유의 언어를 활용하여 만들어진 연극, 즉 얼마나 충분하게 연극적인가?

⑤ 모방과 재현 — 연극이란 모방과 재현이 아니다. 남들이 하는 것을 또는 남들을 비슷하게 흉내 내는 것이 아니다. 연극이란 독자적인 인물들이 살아가는 공간이다. 그 인물들만의 개성과 특성을 얼마나 잘 살리고 있는가?

⑥ 객관화 — 개인적인 헛소리의 영역은 인정받기 어렵다.

⑦ 연극의 특수성 — 연극의 특수성을 잘 이해하면 연극만의 특수함으로 구성된 연극이 나올 수 있다. 이런 특수성이 얼마나 잘 녹아있어 그 특수성이 연극을 연극답게 하는가?

⑧ 구성의 단순성 — 물론 단순한 것이 항상 좋을 수는 없겠지만, 공연은 그 특성상 복잡하면 정말 이해하기 어렵다. 이런 면을 잘 생각해서 그 갈등 반전 등이 얼마나 효과적으로 단순하게 정리되어 있는가?

⑨ 시청각의 조화 — 연극은 종합적이고 시청각적이지만 그런 것들이 넘쳐 나서는 곤란하다. 언제나 표현방법들이 조화를 이루어야 한다.

⑩ 문화적 배려 — 연극의 가장 큰 기능은 배우와 관객의 즉시적 커뮤니케이션이다. 즉 서로 주어진 시공간에서의 즉각적인 만남과 이해이다. 그런데 배우와 관객 모두에게 가장 기본적인 공통분모는 역시 문화일 것이다. 서로의 문화가 다르다면 커뮤니케이션도 어렵다.

⑪ 새로운 시도 — 예술은 새로움과 관련이 깊다. 흔히 얘기하는 유행을 뒤따르지 않고 앞장서서 새로운 형식을 탐구하고 있는가?

⑫ 연극의 기능 — 연극이 담당해야 하는 기능을 충실히 담당하고 있는가?

⑬ 적합한 미적인 거리 — 이 거리는 실제 거리이기도 하고 심리적인 거리이기도 하다. 어쨌든 연극과 관객은 너무 가까워도 안 되고 너무 멀어도 안 된다. 그들 사이에 적절한 긴장이 생길 수 있는 거리가 유지되어야 연극이 효과적으로 기능을 할 수 있을 것이다.

제2부

연극제작 실제

9. 연극은 어떤 순서로 만들어지나?

① 목적을 생각한다.

② 작품을 선택한다.

③ 캐스트와 스태프를 정한다.

④ 연습을 진행한다(동시에 스태프의 작업도 진행한다).

⑤ 공연준비를 한다.

⑥ 공연을 한다.

⑦ 마친다.

① "**목적을 생각한다**"는 것은 특히 중요하다. 왜 연극을 만드는가? 간단한 취미인가? 자신이 가지고 있는 열정인가? 전공인가? 등등에 따라 연극을 제작하는 목적은 서로 다를 것이다. 그러므로 무엇보다도 먼저 자신이 연극제작에 참가하는 이유와 목적을 스스로 설정하고 그에 어울리는 정신자세로 임해야 한다.

학교에서는 특히 더욱 이 과정이 중요하다. 축제로 올릴 공연인가? 동아리들의 단순한 취미인가? 아니면 대회에 참가할 공연인가? 혹은 그 외 다른 목적이 있는가? 등등 목적이 분명해야 참가자들이 그에 어울리는 마음가짐이 설정될 수 있을 것이기 때문이다.

② "**작품을 선택한다**"는 것은 결국 자신의 목적을 실현하기 위하여 행하는 첫 번째의 중요한 과정이다. 그리고 공연을 제작하기 위한 첫 번째 실질적인 과정이기도 하다. 그러므로 가장 중요한 사항이다. 흔히 좋은 대본에서 좋은 공연이 나온다는 말을 한다. 그만큼 좋은

대본은 매우 중요하다. 단, 모두에게 좋은 대본이 학생들이나 혹은 종교집단처럼 특정한 단체에는 좋은 대본이 되지는 않을지도 모른다. 그러므로 좋은 대본이란 제작하는 사람들의 상황과 목표에 가장 어울리는 대본일 것이다. 그러므로 어떻게 보면 자신의 현재 상태를 가장 적절하게 표현할 수 있는 대본이 좋은 대본이 될 것이다.

●●● 이때 특히 주의해야 한다. 자신의 현재 상태와 가장 어울릴 수 있다는 것이 꼭 그 등장인물이나 작품의 배경이 자신과 유사해야 한다는 것을 의미하는 것은 아니다. 물론 공연하는 사람과 그 공연의 관람자들이 서로 동일한 세계를 공유하는 단체거나 상황이라면 양쪽에 동등한 소재가 서로에게 공감대를 형성할 수도 있다. 그러나 예를 들어 교도소에서 공연을 하면서 죄를 짓지 말자든가 아니면 교도소를 소재로 다루는 것이 그렇게 썩 긍정적이라고 말할 수는 없는 것처럼 너무 직접적인 연관을 시키려한다면 오히려 공연은 역효과를 생산할 수도 있다.

③ **"캐스트와 스태프를 정한다"** 또한 매우 중요한 일이다. 중고등학교나 혹은 사회의 동아리에서 준비하는 연극의 경우에는 대학의 전공학과나 혹은 일반 극단에서처럼 어느 정도 각각의 전공이 있어 연기와 스태프가 분리되지 않은 상태이므로 자신에게 가장 적절한 일을 맡는 것은 생각보다 쉽지 않을지도 모른다. 그러므로 일단 자신이 잘하는 일, 남들이 자신에게 잘한다고 말하는 일이 무엇인가를 찾아 그 일을 작업에서도 담당하는 것이 제일 좋을 것이다.

④ **"연습을 진행한다"**는 것은 이제 본격적인 제작의 수레바퀴가 구르고

있음을 말한다. 연출과 캐스트는 연습을 진행할 것이며, 디자인과 제작을 담당하는 모든 스태프들은 수시로 제작회의를 하며 디자인과 제작을 진행할 것이다.

⑤ **"공연준비를 한다"**는 것은 모든 연습과 제작이 완료되고 마지막 단계만이 남아있는 상태를 말한다. 길고 지루한 연습도 끝이 나고 힘들던 무대며 소품이며 등의 제작도 끝이 나고 이제 마지막 총연습을 거쳐 공연에 임해야 한다.

⑥ **"공연을 한다"**는 것은 결국 작업의 끝이 왔음을 의미한다. 길고 긴 준비와 연습 단계를 거쳐 최종적으로 무대에서의 발표를 말한다. 그리고 그때까지의 모든 일들이 결국 이 한 순간에 결정되는 것이다. 만일 공연을 여러 번 한다면 매번 수정을 통하여 점점 더 좋아지는 공연이 가능할 수도 있지만, 그렇지 않다면 단 한 번의 공연으로 그때까지의 모든 과정이 평가되게 된다. 정말 가장 중요한 순간이지 않을 수 없다(과정과 결과 중 어떤 것이 더 중요할까? 사람들은 과정에 필요 이상의 중요성을 부여하기도 한다. 그러나 중요한 것은 결과뿐이다. 사실 결과가 좋으면 그 사이의 과정은 대부분 좋게 해석되어진다. 그러나 결과가 좋지 않다면…… 좋은 결과를 얻는 것에 전력투구하자).

⑦ **"마친다"**가 마지막이다. 당연히 모든 일은 시작과 끝이 있다. 그리고 반드시 끝이 있어야 한다. 그래서 과정에 대한 평가를 해 보아야 하고 결과에 대해서도 생각해 보아야 한다. 특히 공연을 준비하면서 부딪쳤던 문제들을 분명하게 확인 정리하고 넘어가야 한다. 그래서 다음 제작에서는 동일한 시행착오를 겪지 않을 수 있도록 해야 한다.

10. 대본 선택은 어떤 기준으로?

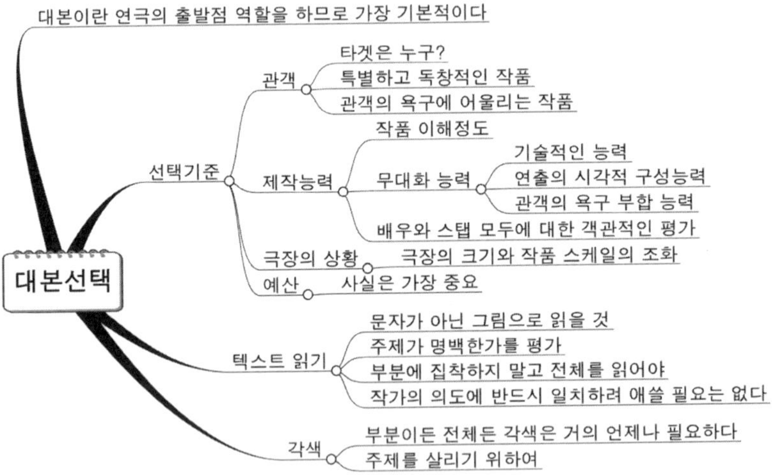

대본이란 분명 연극의 출발점이다. 뭔가를 시작하기 위해서 분명 어디부터인가 출발해야 하는데, 연극은 바로 이 대본으로부터 출발한다. 그러나 앞에서도 이미 여러 차례 얘기한 것처럼 대본이란 한계가 많다. 거기에는 구체적인 것이 아무 것도 없기 때문이다. 어떤 상황에서 어떻게 행동해야 하고 어떻게 말을 해야 하는가가 대본을 읽는 사람에 따라 다 다르기 때문이다. 대본에는 "말"만이 들어 있기 때문이다. 그 "말"을 어떤 사람은 이렇게 표현하고 또 다른 사람은 저렇게 표현한다. 악보처럼 정확하게 해야 하는 구체적인 지침이 있는 것이 아니라 그 "말"을 할 사람에 따라서 그 차이가 너무 심하다.

더 심한 것은 외형적인 차이만이 아니다. 내부적인 차이는 더 심하다.

우선 쓴 사람과 읽는 사람의 차이가 있을 수 있다. 쓴 사람은 어떤 내용을 직접 경험하고 매우 진지하게 생각하고 썼겠지만 그것을 무대에 올리려는 사람들이 보았을 때 그것은 다소간 작가에게 너무 편중되어 있고 또 작가가 느낀 것처럼 그렇게 의미심장하지 않을 수도 있다. 당연히 공연을 준비하는 팀 내에서도 의견이 갈릴 수 있다. 만일 음악이라면 서로 의견이 다를지라도 어쨌든 지켜야 하는 음의 높이와 길이가 있을 것이고, 무용이라면 취해야 하는 자세가 있을 것이다. 그러나 연극에서 대본은 이런 기능을 수행하지 못한다. 그래서 대본은 분명 연극의 출발점이지만 음악이나 무용처럼 그렇게 명쾌한 출발점은 아니라는 것이다.

어쨌든 대본은 연극의 출발점 역할을 하므로 얼마나 중요한가? 특히 어떤 대본을 가지고 출발하는가가 정말 중요한 일이 된다. 즉 "어떤 대본을 선택할 것인가?"가 연극을 제작하면서 가장 먼저 고민하여야 할 공동의 숙제일 것이다.

① 가장 먼저 생각할 것은 "**스토리**"일 것이다. 공연에 참가하는 모든 사람들이 만족할 수 있는 내용. 적어도 **대부분의 사람들이 공감할 수 있는 내용**이어야 할 것이다. 또한 설득력이 있는 내용이어야 할 것이다. 공연을 하는 팀과 공연을 보게 될 관객들 사이에 함께 공유할 수 있는 내용이어야 할 것이다.

당연히 내용에는 주제와 소재를 생각해야 한다. 작가가 하고자 하는 이야기는 무엇인가? 그것이 현재 우리 팀과 어느 정도 연관을 지을 수 있는 내용인가? 그리고 주제는 무엇인가? 그 주제가 현재 우리 팀에 어울리거나 혹은 우리의 공연을 보게 될 관객의 층에 어울릴 수 있는가 등에 대하여 주의 깊게 생각해야 한다. 그러므로 그 내용이 일부 관심 있는 사람들의 취향에 어울리는 것이 아니라, 참가하는 모든 사람, 그리고 공연을 보게 될 관객까지를 염두에 두고 생각해야 한다.

특히 관객에 대한 고려는 생각보다 훨씬 더 중요하다. 왜냐하면 오늘날 관객은 보통 우리가 일반적으로 쉽게 느끼고 생각하는 것보다 훨씬 더 특별하고 독창적이며 많은 다양한 종류의 문화적 경험을 가지고 있기 때문이다. 그냥 단순하게 나와 같겠거니 생각하고 작업을 한다면 당연히 충분하지 않을 것이다. 반드시 관객에 대해 생각해야 한다.

② 다음으로 배우에 대해 생각해야 한다. 몇 명이 배우로 참가할 수 있을 것인가? 특히 남과 여의 비율이 어떻게 되는가? 대부분의 대본들은 여자보다 남자 배우들을 많이 요구한다. 흔하게 우리가 접할 수 있는 대부분의 대본이 그렇다.

〈위험한 여덟 명의 여자들〉, 〈베르나르다 알바의 집〉, 〈산불〉, 〈작은 아씨들〉, 〈아름다운 사인〉 등 몇몇 작품을 제외하고 대부분의 대본에는 여자들보다 남자들의 숫자가 월등하게 많다. 그러므로 특히 남자들의 수를 생각해야 한다. 대본에서 요구하는 남자들은 몇 명이고 현재 우리 팀이 확보하고 있는 남자는 몇 명인가? 이 조건을 충족시킬 수 없다면 아무리 훌륭한 내용이라 하더라도 공연하기에 적합하지 않을 수도 있다. 물론 일부 역할을 여자가 남장을 하고 행할 수도 있다. 그러나 이런 남장이나 여장은 별로 바람직하지 않다. 연극이란 쇼가 아니다.

더불어 배우의 능력에 대하여 생각해야 한다. 무조건 남과 여만 맞추어서 공연할 수는 없다. 당연히 대본에 등장하는 인물들을 소화할 수 있는 능력의 배우들이 있어야 한다.

③ 다음으로 설사 남녀 비율과 전체 요구하는 배우들의 숫자가 맞고 그들이 충분히 능력이 있다 하더라도 연극은 배우들만으로 이루어지는 것은 아니다. 스태프에 대하여 생각해야 한다. 스태프란 연기와 연출을 제외하고 실제적으로 무대를 만들고 거기에 위치하게 될 소품이며 조명을 준비하고 음악과 음향을 준비하는 사람들이다. 이런 스태프가 없이 배우들만으로 모든 것을 준비하며 작업해 나가는 것은 매우 어렵다. 일부 학교나 혹은 극단에서도 여러 가지 문제로 배우들이 모든 것을 해 나가고 있기는 하지만, 올바른 현상이라 볼 수는 없다. 연극이란 누구나 대충해서 되는 그런 일은 아니다. 각 영역에 적절한 능력을 갖춘 담당자가 있음으로서 일이 진행되어 나갈 수 있다. 반드시 스태프가 있어야 한다(취미로 연극을 하는 학교나 혹은 사회의 동아리 연극에서도 스태프는 반드시 필요하다. 스태프가 없다면 배우들의 일이 너무 많아지고 결국 연기와 스태프 양쪽에 모두 충실할 수 없게 될 것이다).

④ 다음으로 극장에 대하여 생각해야 한다. 이 공연을 어디에서 할 것인가? 무대는 얼마나 크고 객석은 몇 석이 있는가? 큰 극장에 한두 명만이 나오는 공연이나 작은 극장에 수십 명이 등장하는 공연은 당연히 별로 좋은 선택은 아닐 수도 있다. 공연할 극장의 크기에 대해 생각해야 한다.

⑤ 또한 예산에 대하여 생각해야 한다. 모든 일에는 돈이 필요하다. 보통 큰 극장의 바닥만 합판으로 까는데 재료비만 현재 100만 원 이상

의 돈이 들어간다. 당연히 배우들이 많으면 그들이 이동을 하거나 식사를 하거나 어쨌든 무엇을 하더라도 사람이 많으면 더 많은 돈이 들어갈 것이다. 그러므로 반드시 예산을 언제나 고려하면서 주어진 예산 내에서 제작이 가능한 작품을 선택해야 할 것이다.

●●● 예산에서 꼭 얘기하고 넘어가야 할 것은, **저작권**이다. 저작권이란 어떤 작품을 쓴 사람이 자기 작품에 대해 가지는 권리를 말하는 것으로 사후 50년까지를 인정한다. 즉 어떤 작품이든 그 작가가 죽어 50년이 경과하기 이전까지는 마음대로 써서는 안 된다는 것이다. 이것은 단순한 도덕의 문제가 아니라 큰 돈이 걸려있는 법적인 문제이다. 실제로 책에 있는 그림 하나, 악보의 노래 한 소절, 모두 함부로 사용해서는 안 되며 반드시 그 글을 쓰거나 그림을 그리거나 음악을 작곡한 사람에게 허락을 받은 이후 작업에 들어가야 한다. 특히 뮤지컬의 경우 작가와 작곡가 그리고 편곡자 등이 모두 다르며 제작한 제작팀이 또 별도로 있으므로 특히 주의해야 한다. 허락 없이 함부로 공연했다가 법적인 소송에 휘말릴 수 있다.

⑥ **각색** 또한 생각하고 있어야 한다. 각색이란 주어진 대본을 여러 가지 이유로 수정하는 것을 말한다. 각색은 주로 연출이 담당하며 연출이 자신이 생각하고 표현하고자 하는 주제를 명백하게 하기 위해 작품의 일부나 혹은 전부를 수정하는 작업을 말한다.
간단하게는 어미를 구어체로 바꾸는 단순한 수정부터 옛말 같은 것을 현대어로 바꾸는 수정, 사투리나 일부 편중된 지방색의 수정, 중

요하지 않은 역할을 제거하고 단순화시키는 작업, 혹은 내용 전체를 들어내고 다시 쓰거나 위치를 바꾸는 커다란 수정에 이르기까지 각색은 아주 적은 부분에서 아주 큰 부분으로 다양하게 진행할 수 있다. 물론 각색을 진행하기 이전에 작가로부터 허락을 받아야 하는 것은 너무도 당연하다(작가는 각색을 거부할 권리가 있다. 그리고 만일 이런 상황이 된다면 대본을 각색 없이 있는 그대로 공연하거나 혹은 작품을 바꾸거나 해야 할 것이다).

어쨌든 작가와 연출의 관점이 다르고 서로 의도하는 바가 다를 수 있고 혹은 서로가 작업에 임하는 태도도 다르고 강조하고자 하는 것도 다를 수 있다. 이러저러한 이유로 각색이란 거의 모든 연출 작업에 반드시 필요하다.

⑦ 마지막으로 작품을 선택하기 위하여 대본을 읽을 때에는 다음 몇 가지 사항을 생각하자.

㉠ 단순히 책을 읽는 것이 아니라 눈앞에 그림을 그리면서 그림으로 읽어야 한다.

㉡ 무엇보다 현재 나와 내가 속한 사회적인 팀과 얼마나 공감대를 형성할 수 있는가를 평가하면서 읽어야 한다.

㉢ 일단 끝까지 읽고 전체를 가지고 평가해야 한다.

㉣ 작가의 의도도 중요하지만 현재 대본을 읽고 있는 우리가 더욱 중요하므로 우리의 관점을 보다 중시하며 결정한다.

11. 대본을 쓰려면?

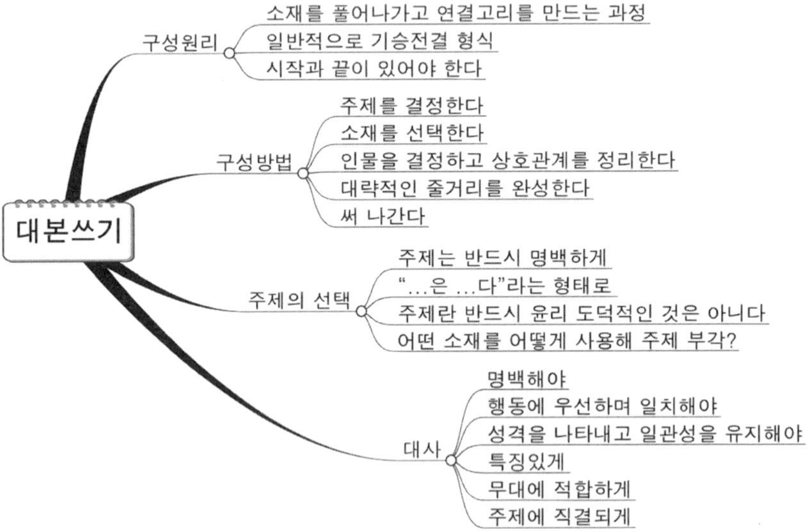

대본을 선택할 수 없다면 대본을 쓰자. 그리고 쓰는 작업이 그렇게 어려운 작업이 아니며 대략적인 스케치만 해 놓더라도 연습을 진행하며 참가원들과의 토론을 통하여 얼마든지 좋은 작품으로 만들어질 수도 있다.

우선 창작을 하기 위해서는 처음부터 끝까지 대본을 최종적으로 마무리할 수 있는 누군가가 필요하다. 그 누군가는 단순히 서로 토론되는 사항을 기록하는 입장에서 끝나는 것이 아니라 대본이 어느 정도 완성되었을 때 그것을 마지막까지 책임지고 완성할 수 있는 글쓰기 능력을 갖춘 사람이어야 할 것이다. 학교에서는 선생님이나 지도교수가 이 역할을 하거나 혹은 글쓰기에 재능이 있고 적성이 맞는 학생이 있다면 창작도 충분히 가능하다(일단 써보고 잘 써진다면 창작관련으로 진학하거나 혹은 작가로 데뷔할 수도 있지 않을까?!).

단 이때 내용이 너무 유치하거나, 소재가 현재 자기 주변에 너무 밀착되어 있거나 혹은 어휘의 선택이 너무 저급하거나 비속어를 사용하는 경우를 주의해야 한다. 그러므로 고급스러운 어휘를 선택하고 좀 더 보편적일 수 있는 소재를 찾아야 할 것이다. 또 다른 주의사항은 내용이 너무 짧게 끊어지는 경우이다. 너무 단편으로 마치 텔레비전 드라마 대본처럼 짧게 구성하지 말고 한 장면은 적어도 10분은 지속시킨다는 생각으로 써야 한다. 그래서 각 장면이 10분이라면 6개 장면이 되었을 때 약 1시간의 공연이 가능하기 때문이다(대략 A4 용지로 쓰인 대본의 경우 페이지 당 약 2~3분 정도의 공연이 가능하다. 그러므로 한 시간 공연 대본은 약 30페이지 안팎이 될 것이다).

어쨌든 대본을 창작한다는 것은 우선 원하는 모든 사람들이 모두 공연에 참가할 수 있다는 장점이 있으며, 자신들의 실제 경험에서 우러나는 내용으로 구성될 것이기 때문에 그만큼 비슷한 류의 관객들에게 설득력이 있을 수 있다는 것이다. 그러나 개인적인 것이 보편적인 것은 아니기 때문에 때로 너무 내용이 한 쪽으로 치우치거나 대본 자체의 구성에서 완성도가 떨어지는 경우도 많다.

1) 구성의 원리

글을 쓴다는 것은 한 마디로 말하자면 "연결고리를 만들어 소재를 풀어나가는 과정"이라 말할 수 있다. 즉 어떤 주제를 이야기하기 위하여 선택된 이러저러한 소재들을 그냥 막 나열하는 것이 아니라 서로 어울리거나 충돌하면서 뭔가 사건을 만들고 해결하고 또 만들고 해결해 나가는 것이 글을 쓰는 과정이 될 것이다.

그러므로 글이란 시작과 끝이 있어야 한다. 처음에 어떤 소재가 어떻게 시작되어 거기에 어떤 과정 혹은 다른 소재들이 추가되고 서로 얽히고 설킨 후에 어떤 과정을 거쳐 결국에는 어떻게 해결되어 어떤 방향으로 끝이 난다. 이것이 글 구성의 기본원리이다. 즉 "누가, 언제, 어디서, 무엇을, 어떻게, 왜"라는 6하 원칙에 맞추어 이야기를 풀어 나가면 자연스럽게 구성이 이루어진다.

구성에서 한 가지만 더 얘기하자면, 일반적으로 스토리란 3단계로 말하면 "서론, 본론, 결론"이고, 4단계는 "기승전결"이며, 5단계는 "도입, 행동, 긴장, 절정, 결말"의 구성을 이룬다. 즉 어떤 일이 시작되어 다른 일들과 섞이면서 복잡해지며 위기가 오고, 그 위기가 폭발하여 복잡한 일들이 해결되고 모든 것이 편안하게 마무리 된다. 이것이 대부분 글들의 기본 구성이다.

2) 구성방법

대본을 구성하는 방법은 이미 여러 책들에서 설명하였다(특히 1998년 소명출판에서 간행된 『연극 만들기』 참조). 여기에 한 번 더 그 내용을 정리하면 다음과 같다. 방법은 토론을 통하여 서로의 이야기를 하고 선택 결정하는 것이다.

① 각자 주장하고 싶은 이야기를 발표한다. 그런 주장을 하도록 만든 생각이나 이야기를 함께 얘기하면서.

② 이 발표된 주장들 중 모두가 동감할 수 있는 주장을 하나 선택해서 주제로 삼는다.

③ 주장에 연관된 이야기와 나머지 발표된 이야기들 중 주장에 연관될 수 있는 모든 이야기들을 소재로 결정하여 대략적으로 등장할 수 있는 인물들을 정하고 그 인물들이 서로 어떤 관계에 있는 인물인가를 결정한다.

④ 소재와 인물들을 엮어서 앞의 구성 원리인 6하 원칙에 따라 줄거리를 정리한다.

⑤ 쓴다.

3) 주제의 선택

대본 쓰기에서 가장 기본적이며 먼저 진행할 일은 당연히 주제를 선택하는 것이다. 주제란 무엇인가? "힘주어서 하고자 하는 이야기" 이것이 주제다. 하고자 하는 이야기가 명백하게 있어야 그 이야기를 위한 소재도 선택할 수 있고 이야기를 풀어 나갈 수 있을 것이다. 그러므로 주제를 선택하는 것은 매우 중요한 일이며 특히 대본을 쓰기 위한 출발점 역할을 한다.

① 주제는 우선 명백하게 정리되어야 한다. 다양한 수식어를 모두 없애고 매우 단순하게 "……은 ……다." 혹은 "……니까 ……하다." 혹은 "……하므로 ……하자." 등과 같이 한 줄로 분명하게 요약 정리될 수 있어야 한다.

② 다음으로 주제는 반드시 윤리 도덕적인 것은 아니다. 많은 사람들이 대본을 쓸 때뿐 아니라 읽을 때도 윤리적이 아니거나 도덕적이 아닌 것을 주제가 아니라고 생각하는 경향이 있다. 그러나 주제는 현 시대 우리의 윤리 도덕과 반드시 일치하지는 않을 수도 있는 개인적인 비전이다. 예를 들어 많은 사람들이 전쟁을 싫어하지만 "전쟁은 반드시 필요하다"라는 주제를 말할 수도 있고, "사랑은 인간에게 필요하지 않다" "인생의 목표는 돈이다"라고 말할 수도 있다.

③ 또한 주제와 소재는 같을 수도 다를 수도 있다. 보통 이 둘의 관계를 잘 이해하지 못하는 경우가 많다. 주제는 앞에서 이야기 한 것처럼 작가가 하고자 하는 한 마디로 정의할 수 있는 "사상"이고, 소재란 그 주제를 표현하기 위하여 사용된 줄거리이다. 그러므로 예를 들어 셰익스피어의 〈로미오와 줄리엣〉의 주제를 "젊은이의 선부른 사랑은 비극을 부른다"라고 본다면, 주제와 소재는 다 같이 "사랑"이라는 공통분모를 가지게 되지만, 그 주제를 "화합에는 커다란 대가가 필요하다"로 본다면, 소재는 "젊은이의 무모한 사랑"이 되는 것이다. 그러므로 주제와 소재의 관계를 잘 이해하고 어떤 주제를 어떤 소재를 이용하여 풀어갈 것인가를 잘 찾아야 한다.

4) 대사의 중요성

① 대본에서 대사는 가장 중요하다. 배우들이 직접 관객에게 전달하는 말이기 때문이다.

② 대사는 명백해야 한다. 대본의 내용을 명백하게 전달할 수 있어야

하고 정당성을 확보해야 한다.

③ 대사는 행동에 우선해야 한다. 즉 관객의 상상을 자극할 수 있어야 하고 암시적이며 행동과 일치되어야 한다.

④ 대사는 기본적으로 역할의 성격을 나타낼 수 있어야 하며, 그 성격이 일관성 있게 표현되어야 한다.

⑤ 대사는 너무 일반적이며 밋밋하고 개성 없이 쓰이지 말고 특징 있게 구성되어야 한다. 특히 각 인물들의 특징이 살아 있을 수 있도록.

⑥ 대사는 무대에 적합해야 한다. 즉 구어체로 쓰여야 하며, 말하기 쉽고 이해하기 쉽고 재치와 풍부한 감정을 내포할 수 있어야 한다.

⑦ 대사는 주제와 직결되어 있어야 한다.

12. 대본 각 부분에 들어갈 내용은?

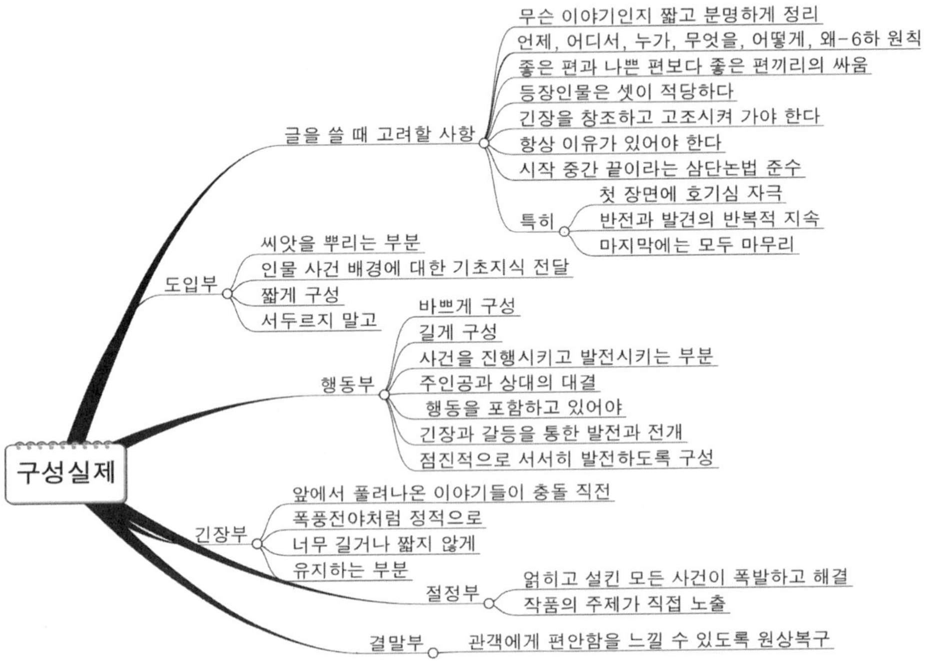

1) 글 쓸 때 고려해야 하는 사항

① 쓰고자 하는 이야기를 100단어 이내로 짧고 정확하게 요약할 수 있어야 한다.

② 항상 6하 원칙에 맞아야 한다.

③ 등장인물은 둘보다는 셋이 적당하다. 셋을 이용하여 이야기를 더욱 복잡하게 만들 수 있다(세 명만이 등장하는 희곡 〈아트Art〉를 한 번 읽어보자).

④ 좋은 편과 나쁜 편을 만들기보다 좋은 편끼리의 싸움과 좌절이 더

고급스러운 내용이다.

⑤ 대립하는 세력으로 긴장을 창조하고 그 세력들을 계속해서 키워 나가며 긴장을 고조시킨다.

⑥ 작품의 모든 내용은 이유가 있어야 한다. 전체적으로 꼭 필요한 내용만으로 구성될 수 있어야 한다.

⑦ 최대한 시작 중간 끝이라는 삼단논법에 맞추도록 한다.

⑧ 무엇보다 반전과 반전으로 내용을 구성하되 관객의 예상에서 완전히 빗나가는 반전으로 마무리 짓는 것도 깨끗하다.

2) 구성실제

① 도입부

도입부란 봄에 씨앗을 뿌리는 부분이다. 즉 마지막에 결실을 거두기 위한 기초 정보를 전달하는 부분이다. 그러므로 인물이나 사건 혹은 작품의 배경 등에 대한 기초지식을 전달해야 하며, 일반적으로 짧게 구성된다.

② 행동부

행동부란 실제로 농사를 짓는 과정이다. 그러므로 여러 가지 일이 일어날 것이다. 행동부란 발견과 반전을 이용하여 사건을 진행시키고 발전시키는 부분이므로 긴장과 갈등이 창조되어야 하며 바쁘고 발전하는 구성이 되어야 한다. 작품 전체를 통틀어서 가장 긴 부분이다.

③ 긴장부

긴장부란 수확을 하기 직전의 상태다. 만일 이때 비라도 심하게 오면 한 해 농사는 모두 물거품이 될 수도 있다. 그러므로 세심하게 절정을 준비할 수 있도록 더 이상 사건을 복잡하게 만들지 말고 긴장을 유지하며 정적으로 구성한다. 길이를 잘 계산하여 절정의 타이밍을 제대로 맞추는 것이 중요하다.

④ 절정부

수확의 순간이다. 얽히고설킨 사건이 모두 폭발하고 해결되는 부분이다. 작품의 주제가 직접 노출돼야 하므로 보통 고조된 감정에서 속도감 있게 진행된다.

⑤ 결말부

곡식창고 문을 닫는 순간이다. 모든 것이 끝이 나고 이제 남은 일은 편안하게 쉬는 것 뿐.

●●● 대본의 묘미는 예상치 못한 반전에 있다. 대본을 쓸 때는 뻔한 이야기로 뻔한 사건을 진행시키지 마라. 사실 뻔하지 않은 이야기는 거의 없다. 대부분의 이야기들이 이미 우리에게 알려져 있다. 그러므로 문제는 뻔한 이야기를 어떻게 뻔하지 않게 진행할 것인가? 대답은 반전! 관객들이 예상하지 못하는 쪽으로의 스토리 전개! 반복적인 반전! 결과의 반전! 이렇게 반전으로 줄거리가 구성되어 관객이 예상할 수 없는 스토리가 전개될 때 대본은 일단 절반은 성공한다.

13. 캐스팅은 누가 어떻게 하나?

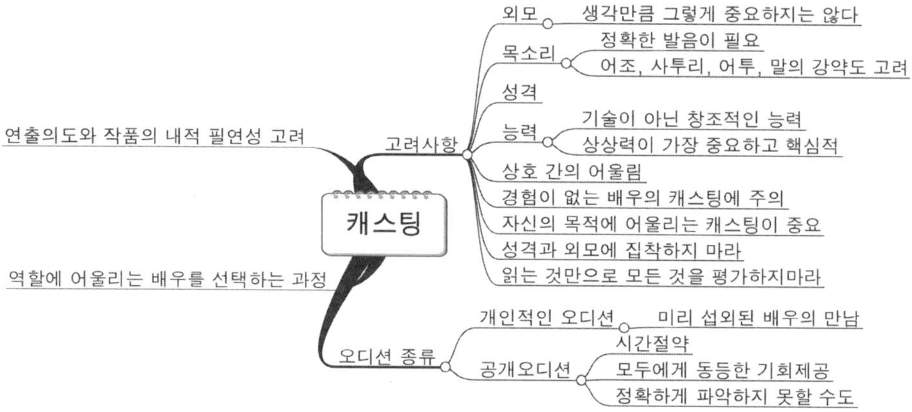

대본이 결정된 이후 연출이 해야 하는 중요한 일 중 하나는 바로 캐스팅이다. 캐스팅이란 어떤 역할에 적당한 배우를 선택하는 일로써 사실은 매우 중요한 일이다. 왜냐하면 적절하게 캐스팅이 되었을 때에만 연습은 효율적으로 진행되고 공연될 작품의 완성도를 생각할 수 있기 때문이다. 만일 캐스팅이 적절하지 못하게 되어 역할과 배우가 서로 어울리지 않는다면 결국 배우가 충실히 자신에게 주어진 역할을 완성도 있게 만들 수 없을 것이다. 배우가 가지고 있는 최고를 끌어내기 위해서는 배우와 역할이 어울리게 캐스팅 되어야 한다.

캐스팅은 당연히 작품이 선택된 이후에 진행한다. 캐스팅은 연출의 권한이다. 결국 작품의 전체적인 것을 지휘하는 것이 연출이므로 자신의 의도를 가장 효과적으로 구체화시킬 수 있는 인물을 캐스팅하는 것이 최상이기 때문이다(그러나 상업적인 연극에서는 연출 뿐 아니라 제작을 남당하는 여러 사람들이 캐스팅에 참가할 것이다. 왜냐하면 그들이 공연이 가능하도록 경제적인 뒷받침을 해야 하기 때문이다. 특히 상업적인 연극이나 영화에서 캐스팅은 결정적으로 중요하다. 누가 출연하는가에 따라 경제적인 손해와 이익의 분기점이 달라질 것이기 때문이다).

1) 캐스팅에서 고려할 사항

① 외모 — 외모에서 가장 먼저 관심을 가져야 하는 부분은 당연히 "얼마나 역할에 어울리는가?"이다. 즉 예쁘고 잘 생긴 외모에 너무 집중하지 말라는 것이다. 또한 개성적인 외모를 선택하는 것도 주제를 강조할 수 있는 기억되는 인물을 만들기 위하여 매우 긍정적이다. 사실 외모에 너무 치중해서 잘못 캐스팅하는 경우가 많다. 외모는 캐스팅에서 일반적으로 사람들이 생각하는 것보다 덜 중요하다. 특히 연극의 현장성은 공연에서 배우의 외모를 잊게 만든다(다르게 얘기하면 텔레비전 드라마나 영화의 경우는 외모가 연극보다는 중요하다는 의미이다. 그러나 어쨌든 배우들의 외모는 우리 생각보다 훨씬 덜 중요하다).

② 목소리 — 발음의 정확성과 어조, 억양, 사투리 말의 강약과 태도 등의 말하는 방법과 목소리의 색깔 자체를 고려해야 한다. 사실 특히 사실주의 연극이나 혹은 영화 등과 같이 말이 중요한 연극의 경우, 목소리 뿐 아니라 목소리와 연계된 **화술 능력**이 매우 중요한 능력이 될 것이다.

③ 성격 — 배우 자신의 개인적인 성격이 아니라 무대 위에서 만들어 낼 수 있는 성격이 중요하다. 이것이 캐스팅에서 고려해야 하는 배우의 성격이다. 그러나 어떤 면에서 보면 배우의 개인적인 성격도

매우 중요하다. 왜냐하면 연극이란 팀의 작업인 만큼 팀에 제대로 어울릴 수 없다거나 혹은 너무 고집이 강하거나 자기주장이 필요 이상으로 강하다면 마찬가지로 팀의 작업을 효과적으로 진행할 수 없으므로 캐스팅에서 이런 부분에 대하여 신경을 써야 한다. 또한 매사 소극적이거나 스스로 알아서 하지 못하는 성격은 피하는 것이 좋다. 왜냐하면 연기란 스스로 알아서 만들어 가야 하는데 이것을 스스로 만들지 못한다면 역할이 제대로 창조되지 못할 것이기 때문이며 그로 인하여 다른 역할들도 피해를 볼 것이 확실하기 때문이다(이 소극적 배우의 문제를 보다 잘 이해하기 위하여 다음 질문에서 연출과 배우의 관계를 설명하는 부분을 잘 읽어주기 바란다).

④ 능력 — 창조적인 능력이 가장 중요하며 이 능력이 결국 배우에게 있어서 가장 중요한 것이다. 특히 예체능계통에서는 능력, 혹은 적성, 혹은 "끼"가 가장 중요하다. 그리고 이런 예술적 능력으로 처음에는 부족해보이던 배우도 짧은 시간 동안에 많은 부분을 완성해 갈 수 있다. 연출은 이 "끼"를 정확하게 파악할 수 있어야 한다.

2) 캐스팅에서 신경 써야 하는 일

① 경험이 없는 배우를 캐스팅할 때는 주의해야 한다. 물론 무대에서의 적응은 몇 번의 실전 같은 연습과 몇 번의 공연으로 충분히 가능하다. 그러나 사실 경험이 없는 배우는 공연보다는 연습과정에서 생각보다 많은 부분을 신경 쓰고 인도해야 한다.

② 목적을 구체적으로 생각하면서 캐스팅해라.

③ 성격과 외모만 치중해서 캐스팅 하지 말라. 성격과 외모는 한 순간에 잊힌다. 결국 관객의 시선을 끄는 것은 능력이다.

④ 단지 읽는 것만으로 캐스팅하지 마라. 연기란 단지 읽는 것으로 해결되지 않는다. 더구나 어떤 정해진 짧은 부분을 잘 읽는다 할지라도 나머지 부분도 잘 할 수 있다고 보장할 수는 없다. 특히 중요한 역할일수록 많이 관찰하고 생각하고 캐스팅해야 한다.

14. 연습은 이렇게 한다

어떤 작품을 공연한다고 치자. 우선 스태프와 캐스트가 결정될 것이다. 스태프들은 스태프 나름대로 연출과의 미팅을 거쳐 디자인과 제작 등 필요한 작업을 하게 될 것이고 캐스트는 연출과 매일 연습을 진행하게 될 것이다. 연습은 크게 리딩과 블로킹 두 과정으로 구분된다. 대본을 암기하며 말을 입에 붙이는 연습을 리딩이라고 하며, 이것이 어느 정도 되면 대본을 놓고 행동하면서 연습을 진행하는 것을 블로킹이라 한다.

① 리딩 — 우선 대사 연습을 한다. 대사를 암기하는 것이 배우가 해야 할 첫 번째 일이므로 제일 먼저 대사를 암기하며 연습을 한다. 이 과정은 대체로 모두가 앉아서 진행한다. 배우는 대사를 읽으면서 대본과 자신의 역할을 분명하게 이해해야 한다. 만일 이해가 안 되는 부분이 있다면 연출과 토론을 통하여 반드시 이해하고 넘어가야 한다. 그리고 배우는 자기가 느끼는 대로 혹은 분석한 대로 대사를 치게 된다.

연출은 일단 자신이 의도한 대로 연기가 진행되지 않으면 수정을 요구한다. 만일 어떤 배우가 "여기서 나가시오!"라는 대사를 할 때 소리를 지르면서 대사를 쳤다고 치자. 그런데 만일 연출이 배우와 다른 생각이라면 그는 배우에게 다른 방법을 요구할 것이다. 예를 들어 소리를 지르지 말고 조용히 대사를 치자든가 혹은 한 박자 쉬고 보다 편안한 상태에서 속삭이듯 대사를 치자고 주문할 것이다. 당연히 이렇게 주문할 때에는 충분한 이유와 설명이 있어야 할 것이다. 이 주문에 따라 배우는 다시 하고 연출도 필요하다면 다시 얘기하고. 이런 과정이 반복되며 리딩 기간이 진행된다.

② 블로킹 — 대사를 어느 정도 암기하고 무대도 분명하게 알고 있는 상태라면 블로킹 단계로 넘어간다. 블로킹이란 마치 벽돌을 쌓듯이 사건들을 서로 쌓아가는 과정을 말한다. 즉 지금까지 행동은 별로 하지 않으면서 주로 대사만 연습했다면, 이제부터의 연습은 대본을 손에서 놓고 목소리와 몸을 함께 이용하는 본격적인 연기의 시간이다.

이때 연출은 연기의 모든 부분에 개입한다. 리딩 과정에서처럼 대사에 대해서도 계속해서 자신의 의도를 주문하고, 또 연기를 할 때 누가 어디에서 어디로 이동하거나 움직일 것인지를 주문하며, 필요한 제스처나 비즈니스도 주문하고 배우가 서거나 앉는 것도 주문하고 대사와 행동의 속도나 일치 등 모든 연기에 대한 것을 주문한다. 그러므로 연출의 입장에서 가장 기초적이며 핵심적인 것은 **배우의 움직이고자 하는 충동을 정확하게 파악하는 것**이다. 이것을 제대로 파악해야 최소한의 논리적인 연기와 움직임을 구성해 갈 수 있다.

배우들이 움직이는 것을 연출이 주문한다고 해서 연출이 아무렇게나 주문해도 되는 것은 당연히 아니다. 충동을 찾아서 그 충동에 맞도록 움직임을 배치해야 한다. 그리고 충동을 증폭시키고 그 충동으로 인한 움직임을 상대에게 전달해야 하고 그로 인하여 다른 사람의 움직임까지 변화시키고 그것이 다시 피드백으로 자신에게 돌아오고 등등의 과정이 계속해서 반복적으로 진행되며 연극이 만들어져 간다.

그러나 그것만으로는 부족하다. 연출은 배우들의 속도와 강약을 잘 계산해서 조절해야 한다. 소위 **강조가 필요하다**는 것이다. 어떤 장면은 어떤 상황이고 작품의 어느 부분에 위치하니까 어느 정도의 강약과 속도로 진행할 것인가를 결정하고 배우들이 그런 강약과 속도를 지키며 점점 더 장면을 쌓아가도록 주문해야 한다. 그리고 거기에 필요하다면 뭔가 핵심적으로 쉽고 정확하고 강하게 관객들에게 각인시킬 어떤 시청각적 장면이나 요소들을 추가할 수도 있다. 이런 추가에 의하여 연극은 보다 볼거리가 풍부하게 되며 보다 "있어보이도록" 구성하는 것도 가능해진다.

사실 배우의 숨 쉬는 것 하나부터 걸음걸이 및 서고 앉는 모든 것을 연출은 자신이 원하는 대로 주문한다. 당연히 그 모든 것에는 충분한 이유가 있어야 할 것이며 그런 배치에 의하여 그 장면이 달성해야 하는 목표가 있어야 한다.

연습이란 대충 이렇게 저렇게 해보는 것이 아니라, 마치 제갈공명이 미리 적의 반응을 읽고 아군의 움직임을 배치하듯, 연출도 관객을 비롯하여 모든 사람들의 반응을 미리 계산하여 공연이라는 주어진 짧은 시간 동안에 관객들에게 자신이 원하는 모든 것을 분명하게 전달할 수 있도록 배우들의 연기를 비롯한 무대의 모든 것을 배치하여야 한다. 그리고 배우들은 그런 주문에 피동적이기 보다 스스로 계속해서 새로워져야 하며 이런 지속적인 새로움만이 수준 높은 작품을 만들 수 있도록 할 것이다.

15. 연습할 때 준비할 사항은?

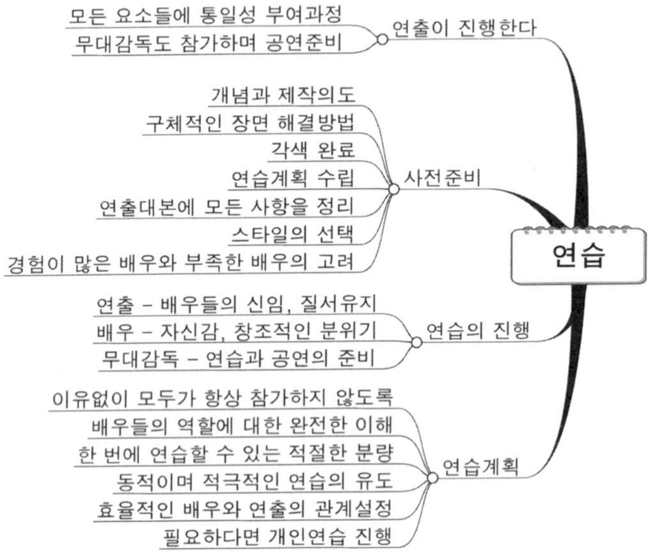

연극을 제작하는데 있어 가장 중요한 일은 무엇인가? 그것은 당연히 연습일 것이다. 왜냐하면 우선 다른 모든 과정에 비하여 길고 지루하며 무엇보다도 모든 것을 구체화시켜가는 과정이기 때문이다. 이 과정이 없다면 공연도 없다. 연습이란 결과적으로 무대에 오르게 될 작품의 완성된 모습을 만들어 가는 가장 직접적인 과정이다.

연습은 당연히 연출이 진행한다. 연출이 생각하는 작품에 대한 여러 가지 생각을 바탕으로 연출이 원하는 방향으로 연습을 진행한다. 당연히 연출은 작품의 주제와 소재를 비롯한 작품에 대한 충분한 이해를 하고 있어야 하며 그것을 나머지 팀원 전체에게 구체적으로 설명할 수 있어야 한다. 특히 연출은 마치 배의 선장이나 축구경기의 감독과 같이 모든 일을 지휘하고 결정해야 하는 역할을 담당하는 만큼 연출이 연습을 시작할 때 가지고 있는 마음자세나 작품에 대한 이해도나 비전은 정말 중요하다.

연출은 무엇보다도 팀원 전체의 완전한 신임을 얻고 있어야 한다. 짧게는 몇 주부터 길게는 1년 이상 지속되는 연습에서 전체 팀원이 나가야 하는 방향을 결정하는 것이 연출인 만큼 그에 대한 팀원의 신임은 반드시 필요하다. 그리고 연출이 팀원의 신임을 얻기 위해서는 무엇보다도 분명한 대답을 가지고 있어야 한다. 배우나 스태프들이 질문하는 것에 대한 대답, 대본 자체에 대한 대답, 연습에 대한 대답, 공연에 대한 대답 등.

연습에는 당연히 조연출, 무대감독 등이 항상 함께 참가한다. 이들은 연습과 공연을 위한 사전준비 및 실질적인 진행을 담당할 것이다. 연출은 이들과의 토론이나 도움 혹은 보조를 통하여 자신이 원하는 목표를 달성하도록 하여야 한다.

당연히 연습의 실질적인 주체는 배우이다. 배우란 연습을 통하여 실제의 “어떤 사람”에서 구체적인 역할인 작품 속의 “그 사람”으로 재탄생하여야 한다.

1) 연출과 배우

한 마디로 얘기해 연출은 음식을 주문하고 배우는 주문된 음식을 만든다. 즉, 배우란 음식을 직접 만드는 사람이고, 연출은 음식의 종류를 미리 결정하여 주문하고 맛을 보며, 자신이 원하는 맛의 음식이 준비되면 그것을 상에 올리는 사람이다. 그러므로 어떤 음식을 준비할지는 연출이 먼저 결정한다. 김치를 만들 수도 있고, 깍두기를 만들 수도 있다. 그 기본적인 맛도 연출이 결정한다. 매우 싱겁게 혹은 담백하게. 그리고 그 각각의 음식을 각각의 배우에게 주문한다. 그러면 각 배우는 자신에게 주어진 주문에 따라 실제로 음식을 만드는 것이다. 즉 연출은 전체적으로 원하는 음식의 종류와 맛을 미리 얘기하고 주문하며, 주문된 음식을 실제로 만드는 사람은 배우이다.

배우는 음식을 만들면서 자신이 가지고 있는 재료로 음식을 만든다. 그 재료는 당연히 **배우의 몸과 목소리**이다. 그들은 자기 스스로의 음식에 조금 더 고춧가루를 넣을 수도 있고, 혹은 덜 넣을 수도 있다. 또는 보다 특이한 다른 맛을 내보기 위해 특이한 양념을 뿌릴 수도 있다. 옆 사람의 음식을 보고 흉내를 낼 수도 있고, 또는 순수하게 혼자 생각해서 만들 수도 있다. 또는 아주 편안하게 일상적으로 만들 수도 있고 혹은 완전히 이상한 방식으로 실험적으로 만들 수도 있다(물론 어떻게 할지를 최종 결정하는 것은 연출이다).

어쨌든 이렇게 각 배우에게 주문된 음식은 연습이라는 과정 동안 매일 조리되면서 연출에게 제시된다. 그러면 연출은 그 맛을 보고 어떻게 할지를 결정한다. 그 상태로 좋으니까 맛이 확실히 날 때까지 계속하자던지, 아니면 뭐가 부족하니까 추가하자던지, 혹은 완전히 버리고 새로 만들자던지. 그것도 연습을 할 때마다 매번. 이런 과정을 거치면서 연출은 그 음식들을 자신이 원하는 맛으로 요리될 수 있도록 계속해서 주문하고 확인하며, 음식이 완성되면 상으로 차리게 된다. 소위 **강조와 리듬과 템포**라는 자기만의 특별한 소스를 이용하면서.

연기란 연출이 원하는 컨셉 하에 배우가 독자적으로 자신의 작업을 진행하는 것이다. 그리고 함께 수정하고 다시 만들고 수정하고. 이것이 모든 연극제작의 기본 과정이다.

●●● 앞의 설명에서 배우를 스태프로 바꾸면 연극제작에 참가하는 모든 멤버들의 하는 일이 분명하게 구분될 것이다. 배우와 스태프들 사이에 차이가 있다면 배우는 자신의 신체가 곧바로 자신의 음식을 만드는 재료이며 동시에 도구가 된다는 것이며, 스태프들은 자신 스스로가 아니라 자신이 이용할 줄 아는 재료들을 이용하여 형태를 만들어 낸다는 것이다.

●●● 이 설명에서 연출의 중요성이 또 다시 나타난다. 예를 들어 배우가 일상적으로 만들든지 아니면 실험적으로 만들든지 만드는 것은 배우지만 그것을 최종적으로 결정하고 선택하는 것은 연출이다. 그러므로 배우의 취향보다는 연출의 취향이 작품의 전체적인 분위기를 지배한다고 말할 수 있다. 즉 실험적 취향의 연출이라면 배우들이 아무리 일상적으로 만들더라도 그것을 실험적으로 바꿀 것을 요구하고 결과적으로 바꾸게 될 것이며, 사실적 취향의 연출은 그 반대가 될 것이다. 즉 배우의 경향보다는 연출의 방향이 작품의 전체적인 분위기를 결정한다. 그러므로 배우와 연출의 취향이 서로 일치하지 않는다면 그 작품의 연습은 모두에게 매우 커다란 고통일 것이다.

2) 연습 사전 준비

① 작품의 개념과 제작의도가 일목요연하게 정리되어 있어야 한다. 연

출의 머릿속에 당연히 있어야 하며 모든 배우들에게도 설명이 되어야 하고 정리할 수 있다면 대본에 써 놓는 것도 좋다.

② 각 장면, 특히 예를 들어 "선녀가 구름을 타고 내려오는" 장면처럼 표현이 어려운 장면에 대한 처리 및 해결 방법이 구상되어 있고 배우들의 질문에 대답할 수 있어야 한다.

③ 각색이 끝나 있고 각 역할들이 담당할 임무가 비교적 분명하게 구상되어 있어야 한다.

④ 연습진행의 구체적인 계획이 수립되어 있어야 한다.

⑤ 무대 투시도와 평면도가 준비되어 있어야 한다.

3) 연습진행시 주의사항

① 이유 없이 모든 배우나 스태프를 연습에 참가하게 하지 마라. 만일 어떤 날 연습에 등장하지 않는 배우가 있다면 그를 연습시간에 참가시키지 않으면서 스스로 자신의 역할을 혼자 연습할 수 있도록 하는 것이 더 좋다.

② 작품의 전반적 흐름과 역할에 대해 설명이 되어 있어야 한다.

③ 하루에 적절하게 대본을 분할해 연습한다. 막이나 장 혹은 의미가 연결되는 단위로 하루에 연습할 적정량을 분할하여 그날은 그 부분만 연습한다. 쓸데없이 하루에 한번 처음부터 끝까지 전체를 연습할 필요는 전혀 없다.

④ 연습 시작 이전에 스트레칭을 한다. 스트레칭은 물론 이완과 준비를 하는 과정이지만, 특히 일상에서 연습으로 넘어가는 일종의 통

과의례와 같으므로 연습을 시작한다는 선언 역할을 할 수 있다.

⑤ 연출은 배우의 인격을 존중하고, 배우는 최선을 다해 연습에 임하라. 연출은 배우 혹은 스태프와의 관계를 어떻게 형성할 것인가? 특히 학교에서는 연출을 담당하게 되면 갑자기 훌륭한 작품을 만들려는 의지가 필요 이상으로 용솟음치게 되는 경우가 매우 많다. 그래서 갑자기 독재적이고 독선적이 된다. 그러나 이렇게 되면 팀원 사이에 갈등이 생기기 쉽다. 특히 목적이 불분명한 팀일 경우 해체되기도 한다. 연출이 가장 신경을 써야 하는 것 중 하나는 바로 이런 사람 사이의 관계설정이다. 특히 학교에서는 모두가 같은 학생이라는 생각이 기본 바탕에 깔려있어야 하며, 어느 단체에서든 연출의 독재나 독선은 반발만 초래할 뿐이므로 서로 의논하고 또 의논하여 함께 좋은 작품을 만든다는 생각을 가져야 한다(대부분의 세계적인 연출가들은 배우의 능력을 최대한 끌어 낼 수 있도록 작업한다. 그러나 배우를 일종의 인형이나 장식처럼 이용하며 자신의 특별한 작품을 만드는 세계적인 연출가들도 있다).

⑥ 배우 개개인의 부족한 부분은 개인연습을 통해 보충하라. 절대로 전체연습 시간에 개인연습을 하지 말아야 한다.

⑦ 충분한 휴식이 반드시 필요하다. 최대한 연습시간을 효율적으로 이용하고 또한 휴식시간도 충분히 가질 수 있어야 한다.

⑧ 모두는 스스로 질서를 유지해야 한다. 연습이란 여러 명의 사람들이 참가하는 것인 만큼 각자가 스스로 질서를 유지하지 않으면 연습 분위기는 쉽게 엉망이 될 수 있다. 스스로 자신이 해야 할 일과 하지 않아야 할 일을 잘 구분하여 행할 수 있어야 한다.

●●● 시간준수를 강제하기 위하여 벌금제를 활용하는 것도 좋다. 단 지각에 대한 벌금은 적게 기본요금은 많게. 예를 들어 1분 지각에 100원을 하자. 단 지각이면 무조건 기본으로 20,000원을 낸다. 그러므로 1분 지각이 20,100원이 되므로 쉽게 지각하지 않을 것이다. 이렇게 기본요금을 강하게 하는 이유는 대부분의 지각이 사실 10분 이내이기 때문이다. 강한 기본요금은 이런 10분 이내의 습관적인 지각들을 방지할 수 있다.

16. 연습은 이런 순서로 하자!

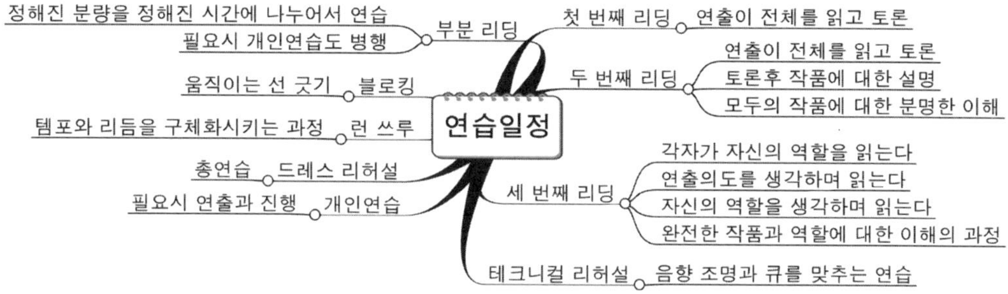

① 첫 번째 리딩reading — 연출이 대본을 직접 읽거나 연출의도를 잘 아는 한 사람이 처음부터 끝까지 읽는다. 대본에 대한 첫 인상을 깨끗하게 취하고 있는 그대로 이해하기 위하여. 리딩이 끝나면 작품의 첫 인상에 대한 각각의 발표를 통하여 각 팀원들의 다양한 의견을 서로 들어보며 자신과의 차이를 체크하면서 다음 리딩을 준비한다.

② 두 번째 리딩 — 첫 번째 리딩처럼 가능한 한 사람이 읽게 하되 리딩 이후 연출의도 주제 무대 스타일 의상 조명 등을 설명한다. 즉 서로의 차이가 있다거나 혹은 이해가 안 되는 부분들은 연출이 분명하게 설명할 수 있어야 한다. 팀 모두가 작품에 대한 통일된 이해를 필요로 하는 과정이다.

③ 세 번째 리딩 — 정해진 방향으로 작품을 파악하는 과정이며, 특히 각 배우들이 자신들의 역할에 대한 구체적인 만남의 과정이다. 리딩 이후 완벽하게 작품과 자신의 역할에 대하여 이해하여야 한다. 정확하지 않은 부분은 연출과 얘기해서 분명하게 해야 한다. 이제

부터 본격적인 연습 과정이다.

●●● 위의 세 과정이 첫 연습에 모두 진행될 수도 혹은 구분해서 진행될 수도 있다. 그러나 한 번에 너무 긴 시간 연습하는 것은 효과적이지 못하므로, 예를 들어 ①② 과정을 첫 연습에 진행하고 각자 자신의 역할을 한 번 정도씩 읽어온 두 번째 연습에서 ③ 과정을 진행할 수도 있다.

④ 부분 리딩 — 적당한 분량을 나누어 일단 대본 암기를 하며, 대사를 어떻게 칠 것인가 등을 결정하는 연습이다. 필요에 따라 개인 연습이 추가된다.
⑤ 블로킹blocking — 대본이 암기된 상태에서 배우들이 대본을 놓고 움직이면서 본격적인 연기를 진행하는 부분이다. 주로 막이나 장 등으로 구분된 대본을 부분 부분 잘라서 적당한 양을 연습한다.

●●● 이 ④⑤번 항목이 전체연습에서 가장 긴 과정이며, 사람들이 "연습"이라고 얘기하면 대개 이 두 과정을 얘기한다. 이 과정을 거치면서 공연의 모든 것이 만들어지고 결정된다. 대사는 어떻게 칠 것이며, 어떻게 움직이고 어떤 비즈니스business(제스처를 포함하여 배우들의 온갖 움직임이나 행동들)를 추가하고, 어떤 장면을 강조하고, 누가 어디에 어떻게 서서 무슨 말을 하는가 등의 모든 사항이 결정된다. 물론 대본에 없지만 필요한 장면을 삽입하는 것도 이 과정이고 부분을 나누어 혹은 배우들이 별도로 팀을 나누어 혹은 장면을 나누어 연습하는 것도 이 과정이다. 즉 이 과정은 일종의 레고 조립과정과 같다.

⑥ 런 쓰루run through — 잘라서 하던 연습을 마치고, 처음부터 끝까지 일시에 끊김 없이 연습하게 되는 과정으로 템포와 리듬을 구체화시키는 과정이다. 사실 이 과정까지 왔으면 모든 연습은 거의 끝이 난 상태라 볼 수 있다. 대체로 연습을 마무리 지으면서 장면 사이의 연결이나 적절한 템포와 리듬, 그리고 연속성의 체크 등의 목적으로 공연 시작 며칠 전부터 이런 연습을 진행한다.

⑦ 드레스 리허설dress rehearsal — 공연을 위한 모든 것이 완벽하게 준비된 상태에서 관객만이 참여하지 않는 연습이다. 대체로 한 번으로 끝나고 곧 공연이지만, 필요에 따라 여러 번을 할 수도 있다.

⑧ 개인연습 — 부족하거나 혹은 뭔가 필요에 의하여 한 사람이나 몇 사람만을 대상으로 연출이 별도로 진행하는 연습을 말한다. 대체로 위 ④⑤번 과정에서 진행한다.

⑨ 기술적인 연습technical rehearsal — 공연의 기술적인 요소, 특히 무대의 변화와 조명 그리고 음향의 정확한 큐를 맞추어 보는 연습을 말하며, 반드시 배우들이 무대에 있을 필요는 없다. 무대감독이 대본을 읽고 움직이면서 조명과 음향 오퍼레이터와 맞추어도 가능하다.

17. 연출, 그는 무슨 일을 해야 하는가?

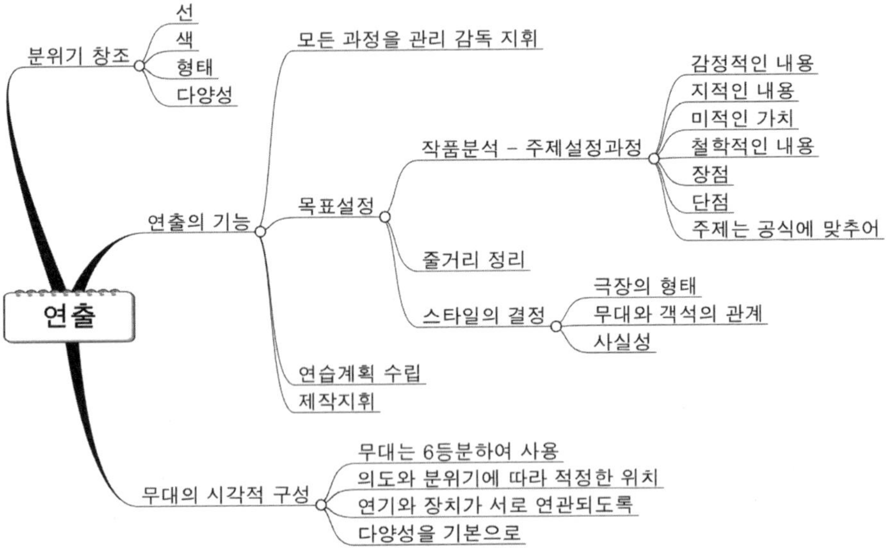

20세기 연극에 그 이전에는 없던 새로운 인물이 등장했다. 그것은 연출이다. 연출이란 그 이전까지 배우들이 마음대로 편하게 만들던 연극에 합리와 논리, 그리고 이성과 과학을 도입한 인물이다. 연출이 등장하면서 연극은 말 그대로 논리적이 되었다. 즉 배우들이 자기가 느끼는 대로 막 하는 것이 아니라 연출이라는 제3의 인물이 비교적 객관적으로 배우들의 작업을 바라보면서 그들이 느끼는 것과는 다를 수도 있는 또 다른 것을 주문하는 상황이 된 것이다. 연출은 이처럼 기나긴 연극의 역사에서 가장 늦게 추가된 인물이지만, 오늘날에 이르러서는 연극의 가장 중요한 역할을 담당하고 있다. 사실 연출이 얼마나 중요한 역할을 담당하는가는 우리가 조금만 생각해도 쉽게 이해할 수 있다.

앞에서 이미 설명한 것처럼 연출은 주문하는 역할을 담당한다. (앞에서 설명한 연출과 배우의 관계를 반드시 이해할 것!) 뿐만 아니라 주문한 음식이 제대로 되었는가의 맛을 보고 자신이 원하는 맛이 아니라면 그 맛을 바꾸어 줄 것도 요청한다. 그리고 결국 배우가 하는 일은 그가 요청한 것을 그의 마음에 들게 시행하는 일이다. 그러므로 근본적으로 연출이 실험적 성향을 가지고 있다면 그가 참가하는 모든 공연은 실험적이 될 것이고, 그렇지 않고 사실적 성향이라면 당연히 공연은 사실적으로 갈 것이다. 물론 연극은 배우들이 무대에 존재하면서 마무리 짓는 배우의 예술이 분명하지만, 이처럼 연출의 영향력이 큰 것도 사실이다. 배우들의 성향과는 상관없이 연출의 성향에 따라 작품의 분위기가 결정된다.

1) 연출이 하는 일

연출이 하는 일은 크게 지휘 교육 창조를 말할 수 있다. 연출은 연습을 지휘하고 배우를 교육하며 창조적인 장면과 부분을 만든다.

연습을 지휘한다는 것은 목표를 설정하고 연습계획을 수립하며 제작을 지휘하게 되는 가장 중요한 일이다. 이런 역할을 분명하게 수행하기 위하여 연출은 작품에 대한 철저한 이해를 우선으로 하고 있어야 한다. 그러므로 작품분석을 거쳐 주제를 분명하게 설정 혹은 선택하고 있어야 하며, 특히 그 주제가 현재 이 순간 관객들과 얼마나 공감대를 형성할 수 있는가를 깊이 생각하여야 한다. 관객들과 공감대 형성이 가능하지 않은 작품은 어떤 면에서 보면 공연할 가치가 없기 때문이다.

●●● 만일 리딩이 끝난 후 전체 토론 과정에서 어떤 작품의 주제나 줄거리가 공감대가 형성이 되지 않는다든가 혹은 진부하다든가 등 작품에 대한 근본적인 문제점들이 제기된다면 어떻게 할 것인가? 세 가지 중 하나를 선택해야 할 것이다. 우선은 공연에 목적을 두고 그냥 연습에 들어가든가, 다음은 번거로움을 무릅쓰고 작품을 다른 것으로 바꾸든가, 아니면 주제를 바꾸든가.

주제를 바꾼다면 어떻게 진행할까? 이는 사실 매우 쉬우면서도 동시에 어려운 문제이다. 예를 들어 주제를 "이것"으로 정의하면 작품 전체를 통틀어 "이것"에 관련된 부분들을 강조하고 나머지는 약화시키며, "저것"을 주제로 선택하면 당연히 "저것"을 강조하고 나머지는 약화시킨다는 것이다. 이런 과정을 진행하기 위하여 우선 각색을 통하여 강조할 부분과 약화시킬 부분에 대한 대본작업이 필요할 것이고 그 대본에 따라 강조와 약화를 진행해 나가야 하며, 추가로 대본에는 없는 장면들을 만들어 넣어(이런 장면들에는 대사가 있을 수도 혹은 없을 수도 있다.) 주제를 자꾸 눈에 띄도록 강조해야 한다.

연출의 교육은 한 마디로 배우 지도를 말한다. 물론 연출이 연기를 잘하고 배우가 연기를 못하기 때문은 아니니다. 연출은 보다 객관적인 시선으로 모두를 관찰할 수 있고, 동시에 자신이 원하는 것이 있으므로 그런 방향으로 배우를 지도한다는 것이다. 즉 배우의 연기를 지도하기보다는 배우가 만드는 역할이 자신이 원하는 방향이 되도록 지도한다는 것이다.

연출의 창조란 결국 연극을 어떻게 만들 것인가라는 문제이다. 즉 디자이너가 디자인하고 자신이 오케이한 무대와 조명 의상 소품 음향 등의 요소들과 배우를 어떻게 조합하여 관객이 예술경험을 할 수 있도록 만들 것인가? 가 핵심이다. 이때 특히 기본적인 것은 일단 무대는 뭔가 신비하고 "있어보여야" 한다는 것이다. 이를 위하여 연출은 무대와 조명과 의상과 배우의 움직임 등에 존재하는 선 형태 색을 잘 이용하여야 한다.

정리하자면,

① 작품분석 — 작품의 의도를 정확하게 파악해야 하고, 모든 제작을 위한 행동들에 통일성을 부여해야 한다. 특히 전체적인 줄거리를 정리해야 주제를 강조할 수 있다.

② 스타일의 결정 — 어떤 작품을 어떤 형태의 극장을 이용하고 어떤 형태의 무대와 객석 사이의 관계를 창조할 것인가를 생각해야 한다. 연출이 임의로 결정한다기보다 이미 작품 속에 기본적으로 내재되어 있으며 연출은 그것을 파악하는, 내적인 스타일을 밝히고 그에 어울리도록 구성하는 것이다.

③ 연습계획 수립 — 효과적으로 연습을 진행하고 공연에 차질을 빚지 않도록 하기 위해 적절한 계획이 수립되어야 한다. 오전 3시간, 오후 3시간 정도 연습이라면 효과적인 연습시간일 것이다.

④ 제작지휘 — 연습을 시작하기 이전과 연습을 진행하면서 동시에 연출은 스태프와 제작회의를 가져야 한다. 연출은 자신이 필요하다고 느끼는 극의 외부에 있는 것을 작품에 삽입할 수 있어야 한다. 물론 배우들과의 지루한 연습도 당연히 제작지휘의 가장 중요한 항목이다.

2) 연출은 선택자

연출을 포함하여 연극을 제작하는 모든 구성원들이 함께 출발하는 출발점이 있다. 그것은 대본이다. 그리고 그들 모두가 함께 도착하는 곳도 있다. 그것은 공연이다.

이 출발점을 누구보다도 먼저 확인하고 출발하는 사람이 바로 연출이다. 연출은 미리 대본을 확인하고 읽어보고 자신이 원하는 것을 선택한다. 즉 대본을 통하여 자신이 강조하고자 하는 메시지를 찾고 그것을 공연으로 만들기 위하여 어떻게 작업할 것인가를 연구한다. 그리고 당연히 도착지에 대한 대략적인 이미지도 가지고 있어야 한다.

물론 대본에 쓰여 있는 대로 그냥 연습을 진행해도 된다. 그러나 그게 그렇게 쉽지는 않다. 왜냐하면 똑같은 대본이라도 누가 연기하는가에 따라 너무도 다르게 표현될 수 있기 때문이다. 실제로 똑같은 대본이 서로 다른 연출가나 배우에 의하여 동일하게 공연되는 경우는 거의 존재하지 않는다.

연출은 항상 선택을 해야 한다. 혹은 자신의 의도와 다른 방향으로 간다면 그 방향을 수정해야 할 것이다.

어쨌든 연출은 먼저 희곡을 읽고 거기에서 찾아낸 자신이 강조하고자 하는 주제를 배우들과 스태프들에게 전달한다.

이 전달은 연습 초반기에 진행되어야 한다. 우선 연출이 원하는 스타일에 대해 밝힌다. 스타일은 크게 나누어 사실주의와 그렇지 않은 스타일로 구분할 수 있다. 대본에 있는 사항을 우리가 흔하게 접할 수 있는 사실적인 스타일로 진행할 것인가, 아니면 그것을 단순화시키거나 혹은 양식화시켜 갈 것인가? 현재는 대부분의 경우 이런 양식들이 섞이고 있다.

이는 특히 무대디자인에 곧바로 영향을 끼친다. 특히 아마추어 연극에서 가장 어려우면서도 또 그 완성도가 떨어지는 부분이 바로 이 무대라는 것을 생각하면 연출이 어떤 컨셉을 정하는가가 어떤 무대를 만들게 되는가를 결정하게 된다는 것을 이해하게 될 것이다.

물론 연출의 작업은 지시만 하는 과정은 아니다. 모두가 동일한 출발점인 대본에서 출발하여 각각의 생각을 가지고 있을 것이고 그것이 서로간에 차이가 있을 수도 있다. 만일 차이가 있다면 그것을 조율하고 통일시켜 나가는 과정을 진행하는 것이 연출의 작업이다. 이처럼 연출의 작업은 출발점에서 조율을 시작해서 공연이 있기까지 계속해서 조율의 작업을 진행하는 것이다.

연습을 진행하면서 배우나 스태프 누구와 의견이 일치되지 않을 수 있다. 이때 어떤 하나의 의견으로 통일시켜 나가야 하는 것이 바로 연출의 작업이다.

●●● 연출은 이렇게 연습해야 한다.

① 연습을 지휘하는 것은 연출이다.

② 우선은 리딩을 먼저 할 것이다. 어느 정도 암기가 끝나고 말하는 것이 자연스러워질 때까지. 이 과정에서 대사를 어떻게 처리할지를 대부분 결정한다. 예를 들어 화를 내는 대사를 한다고 치자. 화를 내는 것은 사람에 따라 다르다. 어떤 사람은 소리를 지르며 시끌벅적하겠지만 아주 차분하게 화를 내는 사람도 얼마든지 있다. 연출은

결정해야 한다. 어떤 대사를 배우가 어떻게 해야 할지. 소리를 지를지 아니면 차분하게 할지. 큰소리를 내며 웃을지 표정만 웃을지, 말을 빨리 할지 천천히 할지. 이처럼 대사를 어떻게 해야 할지를 최종 결정하는 것은 연출이다. 물론 아무렇게나 결정하는 것은 아니고 당연히 성격을 보아야 한다. 이 인물은 어떤 성격의 소유자인가? 그 성격에 어울리게 대사를 하도록 하면 된다. 대부분의 경우 경험이 있고 능력이 있는 배우들은 거의 문제없이 이 과정이 지나갈 것이다. 그러나 학교나 혹은 아마추어들의 경우에는 이것이 쉽지 않다. 특히 대사를 자연스럽게 하기 어려운 배우들, 사투리가 심하거나 억양에 이상한 습관이 있거나 말에 전혀 느낌이 없어서 아무 것도 주고받을 수 없거나 필요 이상 진지하거나 혹은 필요 이상 가볍거나, 이런 배우들과의 연습은 매우 어렵다. 그러나 불행하게도 방법이 없다. 배우들 스스로 깨우쳐 해결하기 전까지는. 하여간 무엇보다 중요한 것은 일단 자연스러워야 한다는 것이다. 특히 억양이 듣기에 이상하지 않아야 한다는 것이다.

③ 시간이 지나 대본 없이 어느 정도 연습이 가능하면 블로킹을 진행한다. 즉 언제 어떤 배우가 어떻게 움직이는가를 결정하는 것이다. 당연히 "왜"라는 물음으로 움직임이 시작되어야 한다. 즉 배우가 분명하게 자신이 움직이는 이유를 이해할 수 있도록 해야 한다는 것이다. 대부분의 움직임들은 대사와 동일하다고 보면 된다. 당연히 강한 대사는 강한 움직임이 동반될 것이고 부드러운 대사는 그 반대일 것이다. 이때 가장 중요한 것은 배우들이 무엇이든 스스로 이것저것 많이 해 볼 수 있도록 하는 것이다. 연출은 모든 것을 다 할 수 있는

만능인이 아니다. 설사 그렇더라도 혼자 스스로 생각해서 이것저것 만드는 것보다는 여러 사람이 수없이 많이 만들어 놓은 것 중에서 가장 좋은 것을 선택하는 것이 더 나을 수도 있다. 하여간 연출은 배우에게 자신이 원하는 대로 이렇게 저렇게 하라고 강요할 것이 아니라 배우들이 마음 편하게 아무렇게나 많은 것을 해볼 수 있도록 하는 것이 매우 효과적인 연출 방법이다.

④ 이 블로킹 과정은 사실 매우 중요하다. 단순하게 움직임만 배치하는 과정이 아니기 때문이다. 이 과정을 거치면서 공연의 완전한 형태가 드러나야 한다. 그러려면 연출은 어떤 부분을 어떻게 표현할 것인가를 생각하며 연습을 진행해야 한다. 이것이 바로 연출의 능력이다.

⑤ 대본에는 당연히 모든 것이 글로만 쓰여 있다. 그러나 공연은 글로만 하는 것이 아니라 인간의 모든 표현수단을 이용하게 된다. 물론 아무것도 할 것이 없다면 그냥 대본에 있는 그대로 말만을 이용하여 대략 표현하면 된다. 그러나 그렇게 해서는 절대로 좋은 작품이 나올 수 없다. 그것은 한 마디로 부족한 연극이다. 목적이 무엇이든 기왕 하는 공연, 최선을 다해 최상을 만들어야 하지 않을까? 이것이 연출의 고민이다. 어떤 방법으로 어떤 장면을 효과적으로 표현할 것인가?

⑥ 예를 들면 "바다에서 배가 태풍을 만나 요동치다가 난파된다." 이 "태풍"이라는 셰익스피어의 작품 첫 장면을 어떻게 처리할 것인가? 배를 만들고 선풍기를 강하게 틀어 바람을 불게하고 물도 조금씩 뿌리고…… 이런 생각이 얼핏 떠오르는 매우 간단한 방법이다. 그러나 이런 방법은 엄청난 돈이 필요하고 또 매우 번거롭다. 이런 방

법보다 더 효과적인 방법은 없을까? 고민해야 한다. 연출은 표현을 위하여 고민해야 한다.

⑦ 프랑스의 세계적인 연출가 피터 브룩은 이 장면을 다음과 같이 처리했다. "우선 한 배우가 머리에 지름은 약 20cm 정도에 길이가 약 2m 정도의 대나무 같은 것을 머리에 이고 무대에 등장한다. 그리고 무대 앞에서 그것을 앞에 들고 좌우로 천천히 흔든다. 그러면 그 안에 들어있는 모래 같은 것들이 좌우로 이동하면서 마치 바다와 같은 소리를 내는 것이다. (사실 이것은 악기의 일종이다.) 그리고 곧 다른 배우들이 3~4미터 정도 되는 대나무를 서너 개 가지고 들어와 그것들을 옆으로 들어 그 위 아래로 움직이며 바닷물의 출렁임을 표현한다. 그리고 제일 마지막에는 모두 쓰러진다."

⑧ 이 방법은 매우 효과적인 방법이었다. 쓸데없이 복잡하지도, 필요 이상의 소품을 사용하지도 않았고, 당연히 제작비도 거의 들지 않았다. 정말 최소한으로 최대의 효과를 거둔 정말 멋진 표현이었다. 이것이 연출이 하는 일이다. 즉 연출이란 단순하게 대사를 어떻게 치고 어떻게 움직이고 하는 것을 지시하는 데에서 끝나는 것이 아니라 온갖 수단 방법을 이용하여 장면을 관객들 기억에 남을 수 있도록 효과적으로 표현하여야 한다.

⑨ 연출이 어떤 장면을 표현하기 위하여 사용할 수 있는 방법은 어떤 것들이 있나? 앞의 예에서처럼 매우 효과적인 소품을 사용할 수 있다. 또는 발레와 춤, 힙합이나 재즈 혹은 막춤 등 온갖 종류의 춤도 이용할 수 있으며, 인형을 이용하는 인형극, 말 대신 노래나 혹은 판소리도 삽입할 수 있고 또는 흔하게 표현하는 것처럼 음악을 넣을 수도

있다. 또는 동물을 등장시키거나 마임을 삽입하거나 혹은 탭댄스의 삽입, 체조 쿵푸 태권도 등의 품세나 자세 등을 이용할 수도 있고, 움직임이나 표정을 주로 활용하거나 우리의 고유한 탈춤이나 혹은 제사 지낼 때 사용하는 의식이나 소품 등도 물론 사용이 가능하며 체조나 서커스 등도 이용할 수 있다. 당연히 영상이나 그림도 이용 가능하다. 정말 우리가 주변에서 볼 수 있는 모든 것, 그리고 보이지 않는 모든 것들도 연출은 자신이 의도하는 바를 강하게 표현하기 위하여 활용할 수 있어야 한다. 이 모두 무대를 있어보이게 표현하기 위함이고 또한 그럼으로써 관객이 기억할 수 있도록 하기 위함이다.

⑩ 연출이란 대충 배우들의 말과 행동만 지시하는 역할을 하는 것은 아니다. 그것은 누구나 할 수 있는 일이다. 그것을 했다고 연출의 일을 다 했다고 말할 수는 없다. 본격적인 연출은 앞에 얘기한 것처럼 수많은 여러 방법들을 이용하여 원하는 장면을 관객들의 기억에 분명하게 남아있을 수 있도록 강렬한 흔적을 남기는 것이다.

⑪ 무슨 방법이든 써야 한다. 거의 수단과 방법을 가리지 말아야 한다. 최고의 작품을 만들기 위해서.

18. 연출은 이런 것들을 사용한다

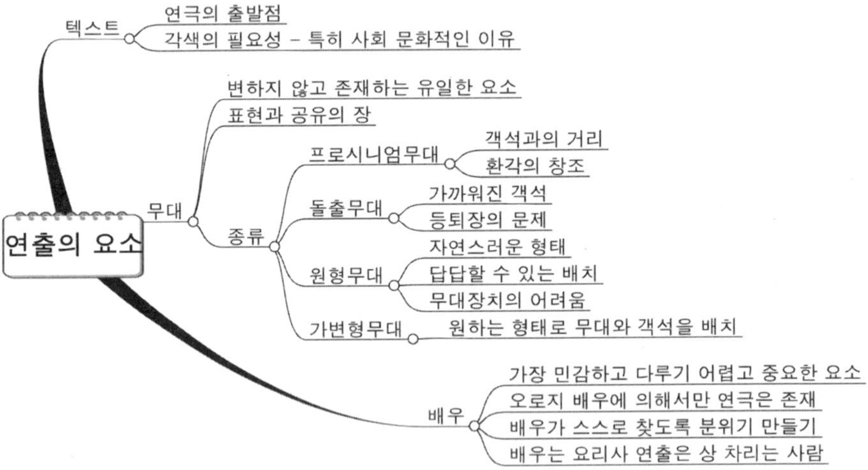

① 텍스트 — 공연을 위해 쓰여진 모든 작품. 거기에는 등장인물이 있고, 지문이 있고, 무대에 대한 작가의 생각과 그가 최종적으로 그 텍스트를 통해 하고 싶은 이야기가 기록되어 있다. 그러나 텍스트란 작가가 탈고를 하면서 작가의 손을 떠나는 것이 정상이다. 왜냐하면 그가 글로써 표현한 것은 그의 머릿속에 들은 이야기이고 그것이 무대로 옮겨지는 것은 또 다른 형식이기 때문이다.

텍스트는 말 그대로 출발점의 역할을 할 뿐이며 전 과정을 거쳐 참고서의 역할을 한다. 그것이 있는 그대로 시행되어야 하는 악보와는 다르다. 그러므로 기본적으로 작업을 진행하며 필요가 있다면 각색을 하여 작업을 하는 사람들에게 어울리도록 수정하는 것이 정상이다(물론 작가에 따라 수정을 거부하는 경우도 있다. 이럴 경우에는 당연히 수정할 수 없다. 그것은 작가의 권리이기 때문이다). 어쨌든 텍스트는 밀가루로 생각하면 옳을 것이다. 밀가루를 가져다 빵을 만들 수도 국수를 만들 수도 수제비를 만들 수도 있다. 무엇을 만드는 가는 기본적으로 연출의 생각에 달려 있다.

② 무대 — 연출이 자신의 생각을 구체화하고 시각화 할 수 있는 장소이다. 즉 무대란 표현과 공유의 장이다. 공연을 소프트웨어로 비교한다면 무대는 바로 그 소프트웨어가 구체화되어질 공간으로서의 하드웨어가 될 것이다.

먼저 무대의 형태를 이해해야 한다. 무대의 형태에는 여러 가지가 있는데 일반적인 관객과 배우가 마주보고 있는 형태인 프로시니엄 무대, 무대를 객석으로 침투시켜 삼면에 관객들을 위치시킨 돌출무대, 무대를 객석 가운데에 설치하고 객석이 무대를 완전히 둘러쌓는 원형무대, 무대와 객석을 적당하게 설정하고 변형하는 가변형 무대가 있다(우리가 각종 문화회관 등에서 마주하는 대부분의 무대가 전형적인 프로시니엄 무대이다). 이처럼 무대의 종류가 다양한 것은 작품에 따라 배우와 관객의 관계를 다르게 요구하기 때문이다. 어떤 작품은 배우와 관객의 상호적인 커뮤니케이션을 강조하고 또 다른 작품은 배우의 지위를 철저하게 관객으로부터 보호받기를 요구하기도 한다. 이런 다양한 요구에 따라 무대와 객석의 관계도 달라진다. 어쨌든 연출은 객석과 무대 사이에 어떤 대치 상황을 창조하는 것이 이 작품에서 배우와 관객 사이에 가장 효과적인 상호관계를 설립할 것인가를 생각해야 한다.

③ 배우 — 오로지 배우에 의해서만 연극은 존재할 수 있기 때문에 연

출은 배우들을 정확하게 파악하고 그들에게 정확한 것을 요구할 수 있어야 한다. 배우들이 자신의 역할을 스스로 찾고 그것을 구체화하는데 도움을 주고 환경을 만들어 주어야 한다. 이것이 사실 연극 제작에서 가장 중요하다. 배우와 연출의 관계.

그러나 이 관계는 사실 가장 어려운 관계이고 복잡한 관계이다. 왜냐하면 배우란 무대나 텍스트처럼 마음대로 주물러도 반응이 없는 무생물체가 아니라 언제나 어떤 것에나 반응하는 생명체이기 때문이다. 연출의 말 한마디로 연습이 제대로 진행될 수도, 혹은 공연을 못할 수도 있다. 연출이 터득해야 하는 가장 필요한 기술 중 하나는 바로 이런 사람을 다루는 기술이다.

19. 연출은 움직이도록 해야 한다

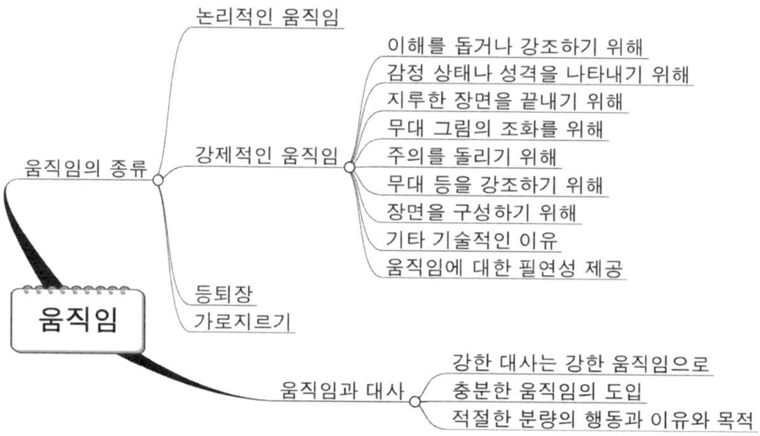

움직임이란 기본적으로 배우들이 무대에 들어오는 등장과 나가는 퇴장, 그리고 무대에 있으면서 무대에서 움직이는 가로지르기로 나눌 수 있다.

① 등퇴장 — 등장과 퇴장은 그 상황과 필요를 직접적으로 보여주거나 변화시키는 것이다. 가능하면 극적인 상태에서 등장하고 퇴장해야 한다. 일반적으로 등장은 사건의 시작을 말하고 퇴장은 끝을 말한다.

② 가로지르기 — 무대의 움직임은 말 그대로 무대 위에서 오가는 것을 말한다. 크게 앞뒤로 움직이는 것과 좌우 그리고 대각선으로 이동 등을 들 수 있다.

움직임은 관객의 시선을 거스르지 않아야 하며, 이유 없이 움직이는 것과 같은 움직임은 좋지 않은 움직임이다. 그러므로 연출이 할 가장 첫 번째 일이라면, 앞에서도 말한 것처럼 배우의 움직이고자 하는 충동을 찾아 분명하게 움직일 수 있도록 하는 것이다. 충동을 바탕으로 하는 움직임은 자연스럽기 때문이다.

움직임은 크게 강한 표현을 요구할 때 사용하는 직선 움직임과, 비교적 부드러운 성격의 이동인 곡선 움직임으로 구분할 수 있으며, 어떤 형식으로의 움직임이든 명백하고 깨끗하고 그리고 무엇보다 자연스럽게 구성되어야 한다.

1) 움직임 추가하기

움직임에는 논리적인 움직임과 강제적인 움직임이 있다. 논리적인 움직임이란 대본에 포함되어 있는 움직임이고 강제적인 움직임이란 필요에 의하여 연출가가 추가해 넣은 움직임으로 때때로 대사에 의한 암시일 수도 있지만, 반드시 작품의 기본적인 발전과 직접 연계된 움직임은 아니다. 보다 중요한 것은 당연히 강제적인 움직임이다. 논리적인 움직임은 작가의 생각일 뿐 실제와는 매우 다를 수 있다. 반면 강제적인 움직임은 연출이 처음부터 자신의 생각을 전개해 나가는 과정에 자연스럽게 삽입되는 것이므로 보다 중요하고 실제로 연출은 이 강제적인 움직임으로 무대를 구성한다. 강제적인 움직임을 추가하는 것은,

① 장면의 이해를 돕거나 그 장면을 강조하기 위해
② 배우의 성격을 나타내기 위해
③ 지루한 장면을 끝내기 위해
④ 무대의 그림에 조화를 이루기 위해

⑤ 강조와 구성을 위해

⑥ 기술적인 이유로

⑦ 주의나 시선을 돌리기 위해

2) 움직임과 대사

① 강한 대사는 강한 움직임을 동반하다.

② 대사의 의미가 행동에 의해 바뀔 수 있다.

③ 자신이 얘기하면서 움직이고 다른 배우가 얘기 할 때 멈추는 것이 일반적이다.

④ 움직임은 작품과 어울릴 수 있어야 한다.

⑤ 명백한 행동을 해야 한다.

⑥ 대사를 통해서도 강조를 할 수 있다(갑자기 큰 소리, 점점 큰 소리로, 빠르게 혹은 느리게, 제스처의 삽입, 단어나 음절의 추가나 삭제 혹은 분절, 타이밍 조절, 템포와 리듬의 변화 등등).

20. 연출은 연기를 추가한다

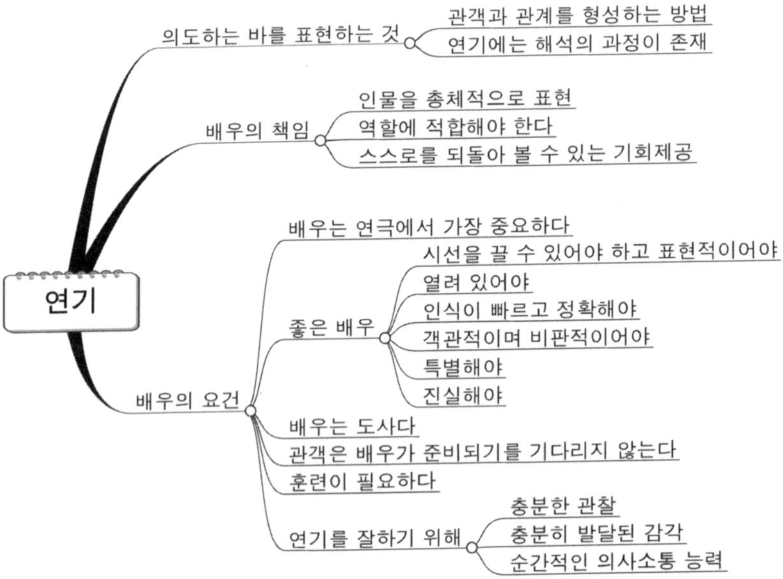

연출의 가장 중요한 작업은 역시 배우와 진행하는 연습이다. 이 과정을 거치면서 연출은 자신이 생각하는 대로 무대를 활용하며 배우의 움직임을 배치하고 필요한 곳에 강조를 삽입하며 또한 대사와의 타이밍 등에 집중하여 배우의 연기를 완성시킬 수 있다. 즉 배우의 연기란 크게 대사와 움직임으로 구분될 수 있으며, 연출은 템포와 리듬, 즉 빠르기와 강약을 이용하여 자신이 원하는 부분을 강조할 수 있다.

1) 연기를 잘 한다?

연기란 무엇인가? 이 질문에 한 마디로 대답하자면 "자신에게 주어진 역할을 표현하는 것"이라 말할 수 있을 것이다. 그렇다면 잘하는 연기란 무엇이라 말할 수 있나? 잘 하는 연기란 잘 표현하는 것이다. 그런데 그 잘하는 것을 판단하는 기준이 사람에 따라 다르다. 그것은 지극히 주관적이기 때문이다. 더구나 연기는 크게 말과 움직임으로 구성되는데 어떤 것이 더 중요하고 어떤 것이 덜 중요한지 사람마다 상황마다 그 기준이 다르다. 그래서 잘하는 연기를 한 마디로 구분하기는 쉽지 않다.

그러나 연기를 잘한다는 것은 우선,

① 이상하지 않아야 한다. 누가 보더라도 말이 이상하거나 행동이 어색해서는 곤란하다. 이것이 첫 번째 모든 배우에게 요구되는 조건이다.
② 감각적인 깊이가 필요할 것이다. 필요할 때 특별한 기술이나 자극 없이도 손쉽게 빠르게 울거나 웃을 수 있어야 할 것이며 그것이 인위적이지 않고 매우 자연스러우며 동시에 진심이어야 할 것이다.
③ 자신이 담당한 역할의 성격에 어울리고 지속적이어야 할 것이다. 즉 똑같은 말도 사람에 따라 다르게 한다. 특히 성격에 따라 말하는 것이 다르다. 배우가 어떤 역할을 연기할 때는 그런 성격이 지속적이어야 한다는 것이다. 가끔씩 역할을 잊어버리고 자신의 본성으로 나와서는 곤란하다는 것이다.

그러므로 자신에게 주어지는 감정에 충실하며 그것을 자신 스스로가 아닌 자신에게 주어진 인물로서 진실되고 상황에 적절하게 표현하는 것이 바로 연기를 잘 한다는 것이라 말할 수 있다.

그러나 연기는 배우에 의해서만 가능하지는 않다. 배우는 자신의 역할과 감정적인 동화를 이루게 되므로 특히 격해지는 장면에서는 자신의 모습과 역할의 모습이 함께 보여져 혼란스럽게 될 수도 있다. 그러므로 배우는 스스로 판단하여 행동하기 어렵거나 혹은 대본에서 요구하는 대로 행동하기 어려울 수 있다. 그러므로 그것을 제어하는 것이 필요하며 그것이 바로 연출의 역할 중 하나이다.

2) 연기의 추가

연기는 내재적인 연기와 추가된 연기로 구분된다. 내재적인 연기는 논리적인 움직임처럼 일반적으로 작가에 의해 대본에 이미 지시되어 있으며, 추가된 연기는 연출이나 배우가 필요에 의해 추가한 연기를 말한다.

당연히 추가된 연기가 훨씬 더 중요하다. 내재적 연기란 말 그대로 작품에 들어있는 최소한의 기본적인 내용이다. 이것을 함으로써 연극의 스토리가 살 수 있다. 그러나 그것으로는 부족하다. 스토리만 전달한다면 책을 읽는 것이 더 편하고 좋을 것이다. 거기에는 당연히 스토리 이상의 어떤 것이 더 필요하며 그것을 표현하기 위하여 연기가 추가되는 것이다.

그렇다면 언제 연기를 추가하는가?

① 분위기 창조를 위해

② 인물 관계를 명백하게 하거나 강조를 위해

③ 상황을 명백하게 하기 위해

④ 기술적인 이유로

연기의 추가란 행동이 추가될 수도 침묵이 추가될 수도 혹은 제스처나 비즈니스, 필요하다면 대사나 움직임을 추가할 수도 있다. 그리고 이 추가는 대체로 연출에 의하여 요구되며 배우에 의하여 실행된다. 즉 앞에 이미 설명한 것처럼 연습이란 일단 배우가 자신의 역할을 만드는 것이다. 그러나 배우의 일이란 역할을 충실하게 만드는 것에 한정된다. 그는 대본이라는 주어진 틀 내에서만 활동하기 때문에 그가 만드는 역할은 그 인물의 개인적인 모습일 뿐이다. 그런데 마치 우리가 살아가면서 다른 사람들과 관련도 맺고 사건도 일어나고 등등하며 복잡하게 사는 것처럼 극 속의 인물들도 그런 삶을 가지고 있다. 그 중 공연에서 보이는 것은 대본에 의하여 한정된 일부일 뿐이다. 게다가 공연은 정해진 시간과 끝이 있으므로 그 제한 이내에서 행동해야 한다는 한계가 있다. 시간이 충분하다면 배우가 역할이 되어 스스로 모든 것을 차분하게 해결해 나갈 수도 있을 것이다. 그러나 시간이 없다. 그리고 그가 해야 하는 일도 이미 결정되어 있다. 결정되어진 것과 다르게는 할 수 없다. 즉 실제 삶과 비교하여 많은 부분이 생략되어 있는 것이 역할의 삶이다. 연기의 추가란 바로 이런 **생략된 부분들을 충족시켜준다**고 생각하면 된다. 연출이 배우들이 만들어가는 역할들을 관찰하며 이해가 필요하면 이해를 위하여, 오해가 있다면 오해를 풀기 위하여, 강조를 하고 싶다면 강조를 하기 위하여 등등의 수많은 이유로 연출은 배우에게 뭔가 추가할 것을 요구하고 배우는 실행하게 된다.

21. 연출은 강조해야만 한다

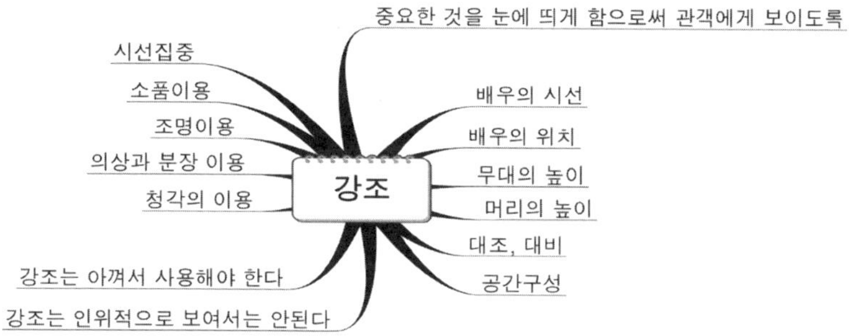

강조란 중요한 것을 눈에 띄고 귀에 들리게 함으로써 상대에게 효과적으로 자신의 의도를 전하는 방법을 말한다. 사실 예술에서 가장 중요한 것은 효과적인 강조이다. 강조가 없는 예술은 생명이 있을 수 없다. 연출도 당연히 자신이 강조할 것을 잘 보이고 잘 들리게 해야 한다. 연출은 다음과 같은 방법으로 자신이 원하는 부분을 강조할 수 있다. 단 아래의 강조 방법들은 보통 개별적으로 사용되지 않고 여러 방법이 동시에 사용되는 것이 일반적이다.

① 배우의 시선 — 배우가 관객과의 관계에서 취할 수 있는 방향은 크게 정면, 반정면, 옆면, 반뒷면, 완전 뒷면이 있다. 이중 당연히 정면을 보고 말하는 것이 가장 강하며 반뒷면이 가장 약하다. 그러나 이런 강하고 약하고는 하나의 요소만으로 결정할 수는 없다. 무대에는 많은 다른 강조의 요소들이 공존하고 있기 때문에 연출은 그때의 상황에 맞추어 적절한 강조방법을 이용할 수 있어야 한다.

② 배우의 위치 — 가장 흔하게 사용되는 강조의 방법으로, 중요한 얘기를 하는 배우를 앞무대 가운데에서 말하도록 배치한다. 그러나 자칫 모든 배우들이 대사를 하면서 앞무대로 나오고 말이 끝나면 뒤로 가게 되는 상황이 발생하여 마치 웅변대회처럼 되기도 한다. 정말 필요한 배우만 강조해야 한다. 무대 앞의 가운데가 가장 강하며 오른쪽 왼쪽 순으로 강하다.

③ 무대의 높이 — 배우들 사이의 상대적인 위치에서 높이가 더 높은 배우가 강조를 받는다. 이것은 기본적으로 무대가 동일한 평면이 아닐 때의 이야기이다.

④ 머리의 높이 — 앉아 있는 배우보다 서 있는 배우가 좀 더 활동적이고 다양한 연기를 펼 수 있어 시선을 끌 수 있다.

⑤ 대조 — 배우들 상호간의 거리나 시선 등을 이용해 배우들 사이의 대비를 강화하여 강조하는 방법을 말한다.

⑥ 공간구성 — 자연스럽게 배우와 배우들 사이에 거리를 두는 것이다. 이런 방법 외에도 시선집중, 소품이용, 조명, 의상, 분장, 청각 효과 등을 이용하여 강조할 수 있다.

이상에서 살펴본 강조는 어떻게 사용되는가?

강조는 블로킹 과정에서 적용된다. 예를 들어 어떤 배우가 하는 말이 중요하고 강조하고픈 말이라면 그 배우가 말을 할 때 혹은 말을 시작하기 이전에 이미 무대 앞 정면 한 가운데에 위치시키고 말을 하도록 하는 것이다. 단 이렇게 되면 말을 끝낸 이후 이동하는 것이 약간 어색할 수 있다. 그러므로 상황을 잘 파악해서 가운데에서 충분히 강하게 말을 하고 자연스럽게 옆으로 비켜날 수 있도록 움직임을 조절해야 한다. 이 방법은 배우의 위치를 통한 강조이다.

또 다른 방법으로 중요한 배우를 무대 가운데 뒤에 위치시켜 객석을 정면으로 바라보도록 하고 다른 배우들을 모두 뒤로 돌게 하여 그를 바라보게 하면 그는 자연히 강조를 받는다. 이 방법은 분명 위치가 별로 강하지 않지만 다른 배우들과의 대조와 시선의 집중 공간구성 등의 여러 방법들이 혼합되어 강조할 수 있는 상황이다.

이처럼 강조란 어떤 하나의 방법만 이용될 수도 있지만 여러 방법이 조합되어 사용할 수도 있다. 이처럼 배우들을 적절한 곳에 위치키시고 배우들의 시선 방향을 결정하고 하는 것은 모두 연출의 영역이다.

22. 유능한 연출이 되려면 이렇게 하라

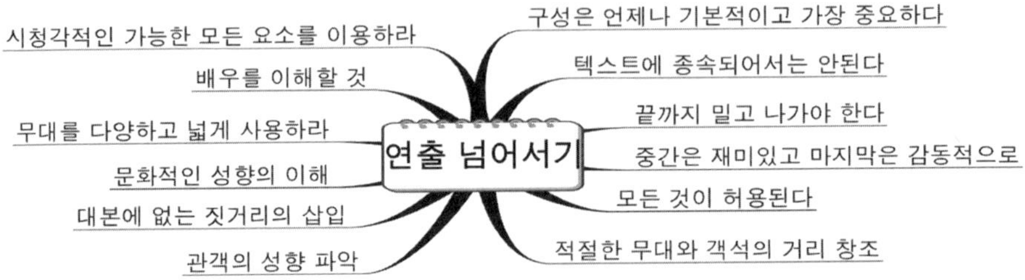

현대연극에서 연출은 정말 중요하다. 어떤 연극이 만들어질 것인가는 결국 연출의 생각에 달려 있기 때문이다. 그러므로 연출은 자기 작품에 대한 책임을 가지고 최후까지 자신이 원하는 것을 달성하기 위하여 최선을 다해야 한다. 어떤 작품은 제일 마지막에 모든 배우들이 옷을 벗는다. 제대로 보여준 것이 없기 때문에 옷을 벗어 알몸이라도 보여주겠다는 것이다. 연출은 어떻게 보면 이런 생각으로 작품에 임해야 한다. "할 수 있는 모든 것을 이용해 좋은 작품 만들기."

당연히 연출에게도 예술적인 감각이라는 능력이 있어야 한다. 그리고 사실은 그 누구보다도 모든 예술 분야에 대한 탁월한 안목을 가지고 있어야 한다. 물론 연극의 모든 부분에 대하여 그 누구보다도 예리한 감각을 소유하고 있어야 한다. 그래서 수학적 계산과 동시에 예술적 감각으로 삽입하고 제거하고 추가하고 뒤바꾸고 위로 올리고 아래로 내리고 앞으로 보내고 뒤로 뺄 수 있어야 한다. 연출은 대본과 무대와 배우를 이용하여 자신만의 세계를 창조해 나가야 한다. 그러기 위해서는 기본에 충실해야 할 것이다. 그러나 기본은 기본일 따름이다. 그것을 넘어서는 것이 반드시 필요하다. 그 중 몇 가지를 정리하면 아래와 같다.

① 구성은 언제나 가장 기본적이고 또한 중요하다. 당연히 연출가는 어느 정도 대본을 쓰거나 각색할 수 있는 능력이 있어야 한다. 자신이 원하는 것을 새롭게 구성하고 그것을 효과적으로 전달할 수 있도록 하기 위하여.

② 연출가는 텍스트에 종속되어서는 안 된다. 텍스트란 출발점이다. 그 이상도 그 이하도 아니다. 거기로부터 출발하여 도달하는 목적지는 공연이다. 텍스트로 돌아가지 않는다. 즉 희곡과 연극은 동일하지 않다는 것을 이해하고 있어야 한다. 희곡에는 오로지 말과 글과 생각만이 존재하지만, 공연에는 오로지 살아 숨 쉬고 행동하는 인간만이 존재한다는 것을 이해하고 있어야 한다. 그러므로 어떻게 그냥 인간의 심리만이 나열되어 있는 텍스트라는 출발점을 구체적으로 눈에 보이고 귀에 들리는 시청각적 공연으로 만들 것인가? 에 집중하여야 한다.

③ 작업은 끝까지 밀고 나가고 극의 중간은 최대한 재미있고 마지막은 최대한 감동적이어야 한다. 특히 현대의 관객은 조금이라도 재미가 없으면 자꾸 다른 생각을 하고 연극에서 이탈하고자 하며, 마지막이 감동적이지 않으면 씁쓸해한다. 재미있는 중간, 감격적인 마무리, 정말 중요하다.

④ 최대한 다양한 실험을 하라. 말 그대로 모든 것은 허용된다. 연출은 무엇이든 할 수 있다. 특히 현재까지 아무도 생각하지 못했던 완전히 새로운 것들을 해 보아야 한다. 흔하게 접할 수 있는 것들은 이미

식상하다. 그리고 가장 좋은 것을 고르면 된다.

⑤ 적절한 객석과 무대의 거리를 계산하고 정확한 관객을 설정하라. 관객에게 직접 얘기할 것인가? 관객을 극에 전혀 간섭할 수 없도록 진행할 것인가? 관객과 끊임없이 무언가를 하려 할 것인가? 배우가 관객에게 어떻게 하는가에 따라 관객은 달라진다.

⑥ 가능한 시청각적 요소를 모두 이용하고 무대를 넓게 써라.

⑦ 주변의 이야기를 적극 수용하라. 내가 부족한 부분을 남이 채워줄 수 있다면 당연히 남의 충고를 따라야 할 것이다.

⑧ 연출은 정말 중요하며 연출에 의하여 현대 연극의 경향과 스타일이 결정되는 만큼 모든 작업에 너무 쉽게 함부로 덤벼들어서는 안 된다. 충분하게 준비하고 생각한 이후에 과감하게 작업에 임해야 한다.

⑨ 짓거리를 만드는 일에 최선을 다 하라. 연출은 대본을 있는 그대로 무대에 시각화하는 사람은 아니다. 그는 대본 속에 들어있는 자신이 하고자 하는 이야기를 관객들에게 전달하고 그 이야기를 통해 뭔가 변화가 있기를 희망하는 사람이다. 그렇게 하기 위하여 연출은 대본과 더불어 무대와 배우를 가지고 있다. 이 두 가지 요소를 활용하여 커뮤니케이션을 최대한 쉽고 강하고 즉시적으로 진행할 수 있어야 한다. 무대와 배우를 가지고 어떻게 할 것인가? 당연히 무대에서 배우들이 뭔가를 행하는 것, 즉 짓거리를 만드는 것이다. 영화의 예를 들자. 어떤 사나이가 쫓기고 있다. 그 뒤를 다른 사람들이 따른다. 다시 사나이가 보인다. 그리고 갑자기 쥐가 도망가는 것이 보인다. 쫓는 사람들이 보인다. 이런 화면이 나오면 사람들은 쫓기는 사람과 쥐를 동일화시켜 쫓기는 사람의 심리를 더욱 불안하

게 보게 된다. 연극도 이처럼 "쥐의 등장"과 같은 장면을 추가해 넣을 수 있다. 그리고 이런 장면들은 매우 효과를 거둘 수 있다.

⑩ 배우만이 해결한다. 연극은 배우의 예술이다. 왜냐하면 배우만이 무대에 있기 때문에. 결국 작품이 잘되느냐 아니냐는 배우에게 달려 있다. 그러므로 연출은 배우를 어떻게 조절하여 최상이 될 수 있도록 할 것이냐에 최선을 다해야 한다. 배우만이 살 길이다.

●●● 피터 브룩의 연습방법

이 내용은 피터 브룩Peter Brook이 쓴 *Points de Suspension*(Paris, Seuil, 1992)의 16~17쪽을 번역한 것이다.

연습은 배우들이 작품에 대하여 생각하는 것을 자유롭게 제시할 수 있는 분위기를 만들어야 한다. 그래서 연습 초반부에 모든 것이 열려있어야 한다. 나는 배우들에게 아무 것도 요구하지 않는다. 어떤 의미에서 본다면 이런 방법은 일반적인 연습에 완전히 반대되는 것이다. 일반적으로 연습의 진행이란 연출가가 첫날부터 작품의 주제와 자신의 의도를 제시하는 것으로 시작한다. 나도 예전에는 그렇게 했었다. 그렇지만 그렇게 시작하는 것이 연습을 시작하는 최악의 방법이라는 것을 깨달았다.

따라서 우리는 훈련으로, 축제로 그리고 어떤 것을 하든 아무 것이나 하는 것으로 시작한다. 단 생각하지 않고. 나는 모든 사람들에게 좋든 나쁘든 어떤 것이든 제안하라고 부추긴다. 나를 포함해 어떤 것도 그 누구도 비난하지 않는다. 오히려 "왜 당신은 그것을 하지 않는가?"라 자극하고, 그렇게 하다보면 웃음도 생기고 쓸데없는 짓거리도 생긴다. 그러나 전혀 중요하지 않다. 이렇게 많은 재료들이 쌓이고 쌓여 서서히 형태가 생기기 시작하는 것이다.

이런 충분한 재료들이 축적되면서 처음 시작할 때 애매하던 것 중 핵심적인 것과 어울리지 않는 것들이 보이기 시작한다. 모든 것이 명백해지기 시작한다. 연출가는 끝없이 배우들을 자극하고 질문하고 새로운 시도를 해보도록 요구하며, 배우들이 스스로 찾고 뒤지고 파 들어갈 수 있는 분위기를 만들어간다. 이렇게 하면서 배우는 스스로 그리고 다른 사람들의 도움으로 작품 전체를 휘저을 수 있는 것이다. 이 과정을 거치면서 형태가 나타나는 것을 볼 수 있다. 연습 후반부에 들어서면 배우의 작업은 작품의 밑바탕에 깔려있는 분명하지 않은 부분을 탐구하고 거기에 빛을 비추는 것으로 진행된다. 그리고 이런 작업을 하는 동안 연출가는 배우들의 생각과 작품 자체에 담겨있는 것들을 구분하는 작업을 한다.

최종단계에서 연출가는 쓸데없는 것들과 작품에 연관되지 않은 상태에서 배우에게만 관련이 있는 것들을 제거한다. 연출가는 이 작업을 하면서 작품에 본질적인 것과 배우들이 스스로 만들어 낸 것을 잘 구별하여 안배할 수 있어야 한다.

최종단계의 연습은 매우 중요하다. 이 순간에 배우들이 쓸데없는 것들을 제거하고 형태를 만들고 분명하게 할 수 있도록 도와야 한다. 그리고 이 작업은 인정사정없이 진행되어야 한다. 설사 제거하여야 할 부분에 내가 제시한 것이 있을지라도 제거는 분명하게 이루어져야 한다. 모든 것이 청소되어야 한다. 그리고 남은 것들이 유기적인 형태를 구성하는 것이다. 형태란 조명되어진 대본이며, 조명되어진 대본이란 곧 형태이다.

23. 연기란 표현이다

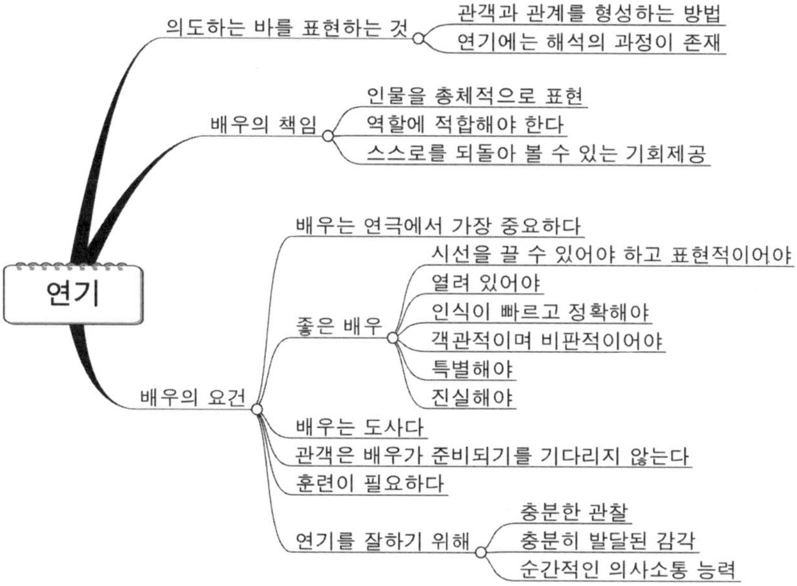

연기란 표현이다. 자신에게 주어진 인물을 남들이 분명하게 인정할 수 있도록 총체적으로 표현하는 것이며 이것이 배우가 할 일이다.

연기는 아주 오래 전부터 시작되었다. 흔히 연극을 종교적 행사로부터 표현본능으로부터 혹은 놀이본능으로부터 시작되었다고 말하는 것처럼 보는 사람과 행하는 사람이 분리되면서 연극은 시작되었다. 여기에서 행하는 사람이 바로 배우이다.

프랑스의 세계적으로 유명한 연출가 피터 브룩은 연극에 대하여 매우 간단하게 정의한다. "어떤 사람이 지나간다. 그리고 다른 사람이 그를 바라본다. 여기부터 출발해서 연극은 가능하다"고. 연극이란 즉 어떤 사람이 있고 그를 바라보는 또 다른 사람이 있음으로 시작되는 것이다. 여기에서 어떤 사람은 자신을 바라보는 사람에게 뭔가 답을 주어야 한다. 답은 텍스트로부터 출발한다. 그리고 공연으로 마무리 지어진다. 만일 바라보는 사람이 이 공연으로부터 뭔가 만족스러운 답을 찾았다면 어떤 사람은 자신에게 주어진 역할을 충분히 수행한 것이다. 그렇지 못하다면 많은 사람이 반성해야 할 것이다.

바로 이런 이유에서 연극을 배우의 예술이라 말한다. 실제로 오늘날 연극에서 연출의 중요성은 어떤 면에서 보면 배우보다 더 크다. 그의 생각이 무대화되고 그의 바람이 무대화되며 배우들도 그가 원하는 대로 움직이기 때문이다. 그러나 그렇게 연출이 중요하고 연출이 많은 것을 요구하고 또 해결할지라도, 실제로 무대에 서는 것은 배우이며 연극의 모든 것은 오직 그가 어떻게 하는가에 달려있다. 그러므로 당연히 배우의 역할이 가장 중요하고 연극은 배우의 예술일 수밖에 없다.

따라서 배우는 우선 다른 사람들의 시선을 자신에게 집중시킬 수 있어야 한다. 배우가 아무 것도 하지 않더라도 하지 않음으로써 관객들의 눈을 끌어야 하며, 무언가를 할 때는 함으로써 관객들의 시선을 끌 수 있어야 한다. 이렇게 되기 위해 배우는 스스로 "도사"의 경지에 올라서야 한다. 원리를 깨우치고 도를 통한 "도사".

도사의 영역에 도달하기 위하여 배우는 끊임없이 연습하여야 한다. 평상시 연습도 있고 또 작품의 공연을 앞두고 집중적으로 그 작품에 대해서 진행하는 연습도 있다. 이런 평상시 연습과 작품 연습을 통하여 배우는 필요한 감각이 충분히 발달되어 기다리거나 혹은 특별히 애를 쓰지 않아도 모든 것이 자동적으로 표현되어질 수 있는 도사의 영역에 도달해야 한다. 배우의 표현이란 준비된 것이 아니라 너무도 자연스럽고 즉흥적이며 계산되지 않은 것으로 관객들이 받아들일 수 있어야 한다. 그리고 당연히 배우가 준비되기를 관객은 기다리지 않는다. 따라서 배우는 모든 것이 자동이 될 수 있도록 훈련을 해야만 한다. 훈련을 통해서 생생하게 살아 있어야 한다.

1) 배우의 요건

① 열려있어야 한다. 연출의 주문이나 다른 배우들의 관찰을 수용하고 끊임없이 탐구해야 한다.
② 빠르고 정확해야 한다. 자기 자신을 잘 알고 있어야 하며 충분하게 감각적이어야 한다.
③ 객관적이며 비판적이어야 한다.
④ 특별해야 한다. 물리적으로는 튼튼한 신체를 지니고 정신적으로는 건전함을 유지하는 연주자의 역할을 할 수 있어야 한다.
⑤ 진실해야한다. 언제나 최선을 다하고 자신의 모든 것을 창작에 쏟아 부을 수 있어야 한다.
⑥ 충분한 관찰을 해야 한다.
⑦ 충분한 감각이 발달되어 있어야 한다.
⑧ 순간적으로 의사소통에 참가할 수 있는 능력을 갖추고 있어야 한다.
⑨ 쉽고 편하게 전달할 수 있는 의사소통 능력을 갖추어야 한다.
⑩ 말과 신체적인 조건 등이 가능한 표준이어야 한다.

2) 배우의 책임

① 인물을 총체적으로 정확하고 적합하게 표현할 것.

② 연출의 요구를 쉽게 수행할 수 있을 것.

③ 연습과 공연을 거치면서 다른 사람과 잘 어울릴 수 있을 것.

④ 자신에게 주어진 연기 이외의 일들을 충실하게 수행할 수 있을 것.

24. 연기를 이해하려면?

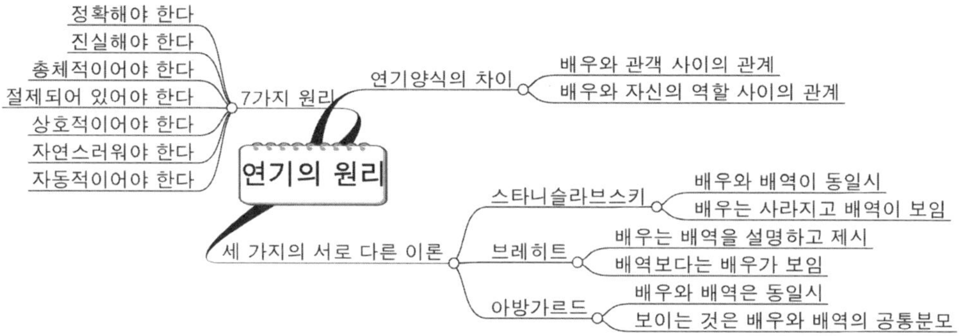

1) 연기의 7가지 원리

① **연기는 정확해야 한다.** 관객이 오해하지 않도록.

② **연기는 진실해야 한다.** 예술은 진실된 인간의 커뮤니케이션이다.

③ **연기는 총체적이어야 한다.** 연극은 총체적인 존재인 인간을 대상으로 한다.

④ **연기는 절제되어 있어야 한다.** 절제되지 않으면 무질서해지고 커뮤니케이션이 어려워진다.

⑤ **연기는 상호적이어야 하며 동시에 적응력이 뛰어나야 한다.** 연기에는 언제나 상대가 있다. 그를 인식하고 있어야 한다.

⑥ **연기는 자연스러워야 한다.** 이것이 최소한의 조건이다.

⑦ **연기는 자동적이어야 한다.** 자동이란 그러나 앞의 모든 조건을 충족시키는 상태에서의 자동을 의미한다.

2) 연기의 세 가지 종류

① 스타니슬라브스키의 사실주의 — 배우와 배역은 서로 동일시된다. 즉 공연 순간에 배우는 사라지고 관객이 보게 되는 것은 배역이 된다. 배우가 해야 할 일은 그러므로 어떻게 자신을 없애고 완전히 배역이 될 수 있을까?

② 브레히트의 비사실주의(서사극) — 배우와 배역은 절대 동일시되지 않는다. 그리고 그래서도 안 된다. 왜냐하면 서사극이란 관객들이 무대에서 벌어지는 사건을 감정적으로 동화해서 보기를 원하지 않고 반대로 무대의 사건에 대하여 이성적인 평가를 하면서 보기를 원하기 때문이다. 그러므로 배우가 해야 하는 일은 철저하게 관객의 동화를 막는 일이다. 따라서 배우가 배역이 되어서는 안 되며, 스스로 배역을 연기하면서 관객을 관찰할 수 있어야 한다. 배우는 배역이 되지 않고 배역을 연기하며 관객에게 보여준다.

③ 아르또 등의 반사실주의(아방가르드) — 배우와 배역은 동일시된다. 그러나 동시에 사실주의와는 차이가 있다. 즉 사실주의에서는 배우의 존재가 사라지는데 비하여 이 공연에서는 배우도 배역도 사라지지 않는다. 이 둘은 하나가 되어 공존한다. 어떻게? 왜냐하면 무대에 등장하는 인물은 배우와 배역의 공통분모일 뿐 아니라 모든 인간들에 공통분모 역할을 할 수 있는 인물이나 인물의 어떤 요소가 되어야 하기 때문이다. 그러므로 관객들이 보게 되는 것은 배우이며 배역이고 동시에 나의 모습이며 너의 모습이다.

25. 역할을 창조하자

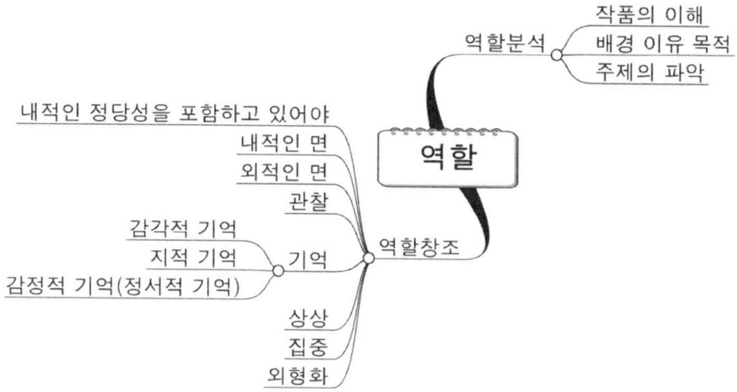

간단하게, 연기는 어떻게 하는가?

이 질문에 매우 단순하게 대답하자. 그냥 자연스럽고 편안하게 내가 평상시에 하는 것처럼. 연기란 무언가를 꾸미고 흉내 내서 만드는 것이 아니라 내 자신이 역할이 되는 것이다. 그러므로 나를 완전히 버리고 그냥 역할로 새롭게 태어나면 된다. 그런데 이게 쉽지 않고 또한 만일 그렇게 된다면 나만의 개성이나 독창성은 어떻게 되는 건가? 그래서 조금 더 얘기를 하자면 나를 버리되 모두 버리지 말고 적어도 나의 역할과 공통이면서 나에게 조금 더 강점이 있는 부분을 유지하면서 나를 버리고 역할이 되어야 한다. 말은 쉽지만 사실 어려운 일이다. 그런데 막상 해보면 그렇게 어렵지 않다. 간단하게 생각하자.

그냥 자연스러우면 된다. 내가 평상시에 하는 대로 말하고 행동하면 된다. 여기에 약간 불편한 것이 있다면 말투나 행동거지가 평상시의 내 것과 차이가 날 수도 있다는 것이다. 그래서 말하면서 약간 이상하고 행동도 뭔가 껄끄럽다. 그러나 그런 것들만 벗어날 수 있다면 연기는 아주 편해진다. 어쨌든 연기에서 너무도 기본적인 것, "누가 보더라도 이상하지 않을 것!" 이것이 연기의 시작이고 또 끝이다. 여기에 도달하기 위하여 배우들은 그 많은 훈련을 하는 것이다. 그러므로 선천적으로 재능이 있는 배우는 전혀 훈련하지 않더라도 얼마든지 연기를 잘 할 수 있다.

그런데 내 모습보다 역할의 모습이 더 잘 보이기 위하여 필요한 것 중 하나가 자신의 역할에 대하여 잘 알아야 한다는 것이다. 나와의 차이를 알아야 하고 공통점도 알아야 한다. 그래야 화를 낼 때 어떻게 화를 낼지를 알게 되고 슬퍼할 때 어떻게 슬퍼할지를 알게 된다. 화가 난다고 무조건 소리를 지르지는 않는다. 어떤 사람은 더 조용해지는 사람도 있고 시끄러워지는 사람도 있고 물론 별다른 변화가 없는 사람도 있다. 이것이 성격이다. 이것이 역할분석이라는 과정을 통하여 확인하고 이해해야 하는 것이다. 그리고 내가 대사를 하거나 행동을 할 때 바로 이렇게 해서 결정된 성격에 어울리게, 즉 조용한 사람이라면 화를 내더라도 소리 지르며 흥분하지 않고 차분하고 조용하게 화를 낸다는 것이다. 이것이 바로 배우들이 대본을 연구하면서 자신의 역할을 연구하면서 이해해야 하는 부분이고 결국 무대에서 행동지침이 된다. 연출이 얘기하기 이전에 이미 배우는 어떻게 할지 스스로 알고 행할 수 있어야 한다.

1) 역할 분석과 접근

① 역할 분석 — 6하 원칙에 대한 분석과 주제를 파악할 수 있어야 한다. 또한 자신의 역할이 존재하는 이유를 알아야 한다. 전체적으로

역할의 배경 · 이유 · 목적을 파악하고 있어야 한다. "나는 누구인가? 몇 살인가? 직업은? 건강은? 왜 사는가? 내가 가장 좋아하는 일은 무엇인가? 내 장래희망은? ……" 등 수 많은 질문들을 통하여 스스로를 이해하고 있어야 한다.

② 대본 이해 — 대본에 대한 이해, 특히 각 배우들이 자신이 하는 대사에 대한 이해가 가장 기본적이다. 때로 대사의 의미도 정확하게 모르거나 혹은 심지어 오타가 난 경우에도 그 대사를 무슨 말인지 알지도 못하면서 그대로 열심히 하는 경우가 있다. 이처럼 자기가 말해야 하는 대사 자체를 완벽하게 이해하지 못한 상태에서 그 말이 제대로 될 수는 없을 것이다. 반드시 모든 대사를 분명하게 이해하고 말을 하도록 한다.

2) 역할창조

① 관찰 — 자신의 모든 감각을 동원하여 주변에서 일어나는 일을 능동적으로 관찰해야 한다.

② 기억 — 순수한 감각적 기억, 지적인 기억, 감정적 기억을 관찰을 통해서 모을 수 있다. 그러나 기억에 매달릴 수는 없다. 기억은 단순하게 지나간 "기억이었다"를 넘어 그 기억과 연관된 깊이 있고 즉각적인 감각으로 전이되어 있어야 한다. 즉, 깊은 감정적인 흔적을 남겨야 한다. 이것이 바로 연극에서 가장 필요한 정서적 기억이다.

③ 상상 — 기억이 충분하게 질서가 있고 저장될 수 있다면 배우의 상상력은 커질 것이다. 사실 예술이란 상상이다. 예술의 모든 것은 상

상을 통해 발전하고 완성된다. 상상 없이 예술은 존재할 수 없다. 연극도 마찬가지이고 연기도 마찬가지이다. 작가의 상상, 연출가의 상상 그리고 배우의 상상이 서로 어우러져 공연이 되는 것이다.

④ 집중 — 배우의 작업을 마무리 할 수 있고 최종적으로 무대화 할 수 있는 가장 직접적인 방법이다.

⑤ 외형화 — 생각하고 구상한 것은 최종적으로 자신의 신체와 목소리이다. 외형화하기 위해선 자신이 표현하려는 것을 다양한 방법을 통해 시도해야 한다.

26. 배우는 이렇게 움직인다

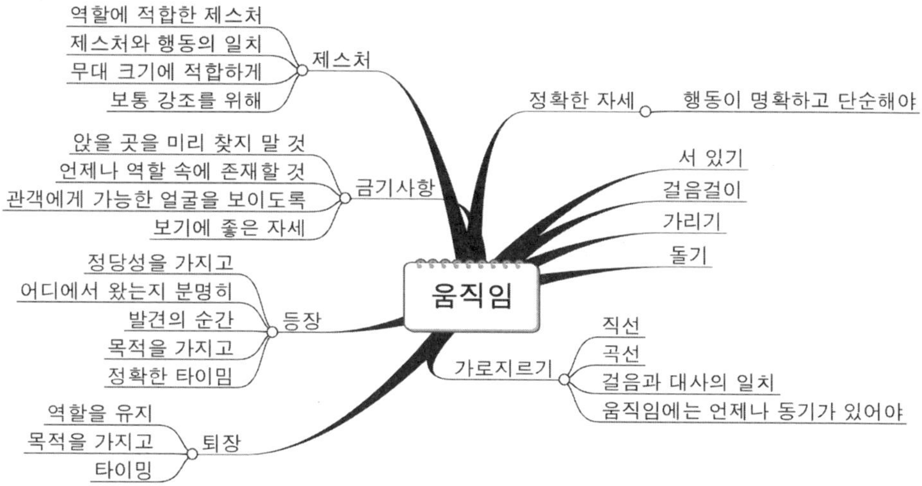

① 정확한 자세 — 고개를 들고, 어깨를 펴고, 가슴과 배를 당기고 다리와 팔이 곧게 펴진 상태이다.

② 서 있기 — 객석을 향해 자신의 정면을 얼마나 보여줄 것인가를 생각하여야 한다. 정면 · 반정면 · 옆면 · 반뒷면 · 뒷면의 5가지 위치를 생각하고 항상 감각적으로 서야 한다. 그리고 가능한 얼굴이 객석에 보이는 것이 좋다. 왜냐하면 관객들이 보기를 원하는 것은 바로 얼굴이며 얼굴에서도 특히 눈이기 때문이다. 이 눈을 통해서 배우가 느끼는 감정이 관객에게 전달된다. 오랫동안 배우의 얼굴이 보이지 않게 되면 관객은 궁금해질 것이다. 따라서 가능한 자신의 얼굴을 관객이 볼 수 있도록 배우는 자신의 위치를 신경 써야 한다.

③ 걸음걸이 — 역할의 특징과 성격을 노출시킬 수 있어야 한다. 서 있

기도 당연히 그래야 하고. 무대에서의 자세는 항상 올바른 자세 보기 좋은 자세가 기본이다. 예를 들어 〈노트르담 드 파리Notre-Dame de Paris〉 등과 같은 작품에서 요구하는 이상한 체형의 등장인물이 아니라면 언제나 남에게 모범이 될 수 있는 좋은 자세와 걸음걸이를 배우는 항상 간직하고 있어야 한다.

④ 가리기 ― 경험이 부족한 배우들이 자신의 위치를 찾지 못해 상대 배우를 가리는 경우도 있고 극적 상황을 위해 연출이 일부러 다른 배우를 가리도록 요구하는 경우도 있다. 보다 중요한 것은 가려지게 될 배우의 움직임이다. 경험이 많은 배우들은 누군가 자신을 가리게 되는 상황이 되면 알아서 피한다. 물론, 예를 들어 "상황을 보다 잘 관찰하기 위하여 좀 더 잘 보이는 곳으로 이동한다"는 것과 같이 적절한 이유를 만들면서. 가리는 것은 무대에서 움직이며 발생하는 어쩔 수 없는 상황이다. 보다 중요한 것은 가리지 않도록 무대를 넓게 쓰는 것이고 또 가려질 배우가 알아서 피하는 것이다.

⑤ 가로지르기 ― 직선으로 가로 지르는 것은 극의 진행이 빠른 템포를 요구할 경우 적용되고 곡선은 느리게 실행이 돼야 한다.

⑥ 돌기 ― 일반적으로 도는 것은 얼굴이 객석을 향하여 돌도록 한다. 이것도 앞에서 말한 것처럼 관객들이 배우의 상태를 한 눈에 이해할 수 있도록 하는 것과 관련이 있다. 관객에게 최대한 얼굴을 보이도록 하는 것은 작품의 무리 없는 발전에 매우 필요하다. 물론 무조건 객석을 향해 돌라는 것은 아니다. 무대에서의 행동에 별 문제가 없다면 그렇게 하라는 것이다.

⑦ 제스처 ― 제스처를 할 때에는 역할에 적합하게 해야 되고, 행동과

제스처는 일치되어야 한다. 그러나 제스처는 사실 매우 많기 때문에 때로 문제가 된다. 특히 초보 연기자들의 경우 자신의 손을 어떻게 해야 할지 몰라 계속 제스처로 일관하거나 이상한 자세로 서는 경우가 많다. 그러나 아무런 제스처나 손짓 없이 그냥 있어도 보기에 전혀 어색하지 않다는 것을 배우들은 알고 있어야 한다. 그래도 어색하다면 연출이 허락하는 범위에서 스스로 손에 들을 수 있는 작은 소품을 들고 있는 것도 일시적인 해결책은 될 수 있다.

⑧ 등장 — 등장이란 어떻게 보면 무대의 움직임 중 가장 중요한 일이다. 왜냐하면 다음에 일어날 사건을 가지고 나타나는 것을 의미하기 때문이다. 그러므로 등장은 특히 주의해야 하며 배우는 등장하면서 자신이 등장하는 배경 이유 목적을 분명하게 가지고 있어야 한다. 우선 '이곳에 등장하기 전에 어디에 있었는가?' 또는 '무슨 얘기를 들었는가?'라는 등장의 배경과, '왜 이곳에 등장했는가? 누구를 만나러 왔는가? 무슨 얘기를 하러 왔는가?'의 등장 이유, 그리고 마지막으로 나의 이곳에서의 행동이 최종적으로 '누구로 하여금 무슨 행동을 할 수 있도록 해야 하는가?' 혹은 '관객은 무엇을 이해해야 하는가?'라는 등장의 목적을 분명하게 가지고 있어야 한다. 많은 배우들이, 특히 학교에서는 말할 것도 없고, 그냥 아무런 생각 없이 등장한다. 말 그대로 등장하라고 해서 등장한다. 절대로 그렇게 되어서는 안 된다. 배우는 언제나 어디서나 배경 이유 목적의 세 가지를 반드시 유지하며 자기 자신의 존재에 스스로 정당성을 부여하여야 한다.

⑨ 퇴장 — 퇴장은 새로운 시작이나 마무리를 의미한다. 만일 퇴장 후 암전이 있고 퇴장한 인물이 다시 등장한다면 퇴장은 새로운 시작일

것이다. 반면 퇴장으로 끝이라면 그 퇴장은 끝일 것이다. 전자의 경우에는 퇴장하는 사람이, 후자의 경우에는 퇴장하지 않고 남아 있는 사람이 더 중요하다. 전자의 경우에는 퇴장한 사람이 다시 이야기를 풀어갈 것이며, 반대로 후자의 경우에는 남아 있는 사람들이 새롭게 이야기를 풀어갈 것이기 때문이다. 그러므로 퇴장은 적절하게, 즉 시작은 시작으로 끝은 끝으로 퇴장하여야 한다.

⑩ 모든 종류의 움직임에서 언제나 타이밍을 놓치지 말아야 한다.

⑪ 일반적으로 연기에서 다음의 행동은 조심해야 한다.

㉠ 앉을 자리를 미리 눈에 띄게 찾은 이후에 앉지 말 것.

㉡ 계속해서 자신의 역할을 가지고 있어야 한다. 대사할 때만 연기하는 것이 아니라 연기는 무대에 있는 내내 지속된다.

㉢ 관객에게 최대한 자신을 보이도록 해야 한다.

㉣ 두 다리를 모으고 있어야 한다. 뿐만 아니라 남들이 보기에 기분이 좋지 않은 모든 자세는 언제나 옳지 않다. 예술이란 기본적으로 긍정적인 방향으로의 나아감이기 때문에 가능한 언제나 좋은 쪽 옳은 쪽을 선택하는 것이 좋을 것이다. 그러므로 관객에게 불쾌감을 줄 수 있는 행동이나 움직임 혹은 대사 등 모든 것들은 특별한 목적이 있지 않은 이상 하지 않아야 한다.

27. 배우는 이렇게 대사 친다

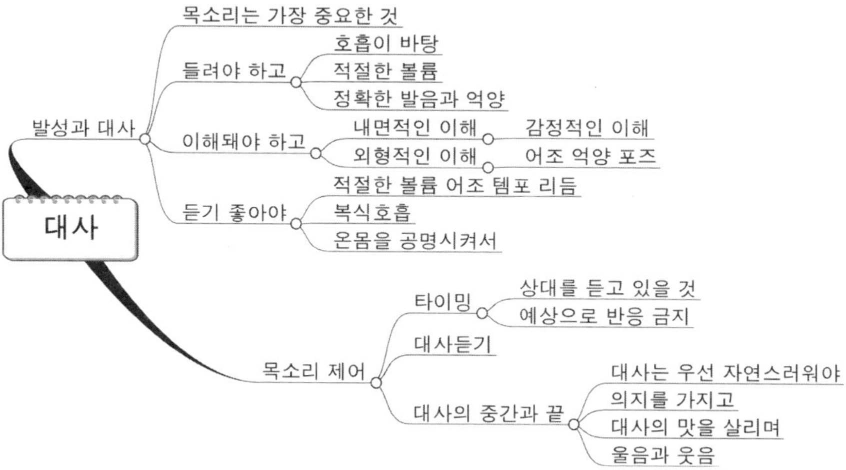

대사란, 특히 자연스러운 대사란, 현대연극에서 가장 핵심적이며 기본적인 요소이다. 르네상스 시대 이후 연극이 실내로 들어오면서 신체표현보다는 대사를 보다 중요한 요소로 사용하게 되면서 대사의 중요성은 계속해서 증가해 왔으며, 특히 20세기 들어 가정의 소소한 일상을 무대에 표현하는 사실주의 연극이 보편화되면서 우리가 일상에서 사용하는 평이한 말이 무대에서도 그대로 사용되게 되었다. 그러므로 듣기에 부담가지 않는 자연스러운 대사처리는 배우에게 있어서 가장 필요한 최소한의 자질이다.

대사에서 무엇보다 중요한 것은 정보의 전달이다. 즉 대사란 감정의 표현이라는 측면도 있지만 우선 관객들에게 기본적인 줄거리를 전달할 수 있어야 한다. 그러므로 관객들에게 정확하게 내용을 전달하는 것이 첫 번째 기능이라 말할 수 있다.

다음으로 대사는 연기와 일치해야 한다. 그리고 연기에서 유지해야 하는 기본적인 것은 역할의 성격이다. 즉 동일한 말을 "나라면"이 아니라 "이 역할은" 어떻게 할 것인가에 대한 대답이 대사로 표현되어야 한다.

대사는 또한 타이밍이 중요하다. 말이란 일상생활에서는 그 타이밍이 의식하지 않아도 정확하게 맞아 떨어진다. 왜냐하면 그것은 자연스러운 대화로 구성되어 말하는 사람들이 서로 말을 하고 듣기 때문이다. 그러나 무대에서는 자신이 해야 하는 말이 기본적으로는 나의 말이 아닌 남이 상상하여 글로 써놓은 또 다른 사람의 말이고, 상대방 또한 내가 아는 상대가 아닌 다른 사람이며 그의 말 또한 똑같은 상황이다. 그러므로 서로 자연스럽게 말을 듣고 말을 하는 것이 생각보다 쉽지 않다. 그렇지만 말을 하고 듣게 되면 자연스럽게 타이밍은 맞아 떨어질 것이다.

대사는 특히 가장 손쉽고 빠른 요소이다. 무용은 간단한 움직임을 필요 이상 복잡하게 만들어 암호화해 표현하기 때문에 일반적으로 그 암호를 이해하지 못하는 사람들은 별다른 재미를 느끼지 못한다. 음악도 마찬가지로 추상화의 과정을 매우 심하게 거쳐 "음"으로 표현된다.

반대로 연극은 대사가 존재하는 덕분에 우리가 일상에서 사용하는 그 말을 그대로 연극언어로 사용한다. 즉 연극은 관객들에게 매우 손쉽게 받아들여진다. 그리고 바로 이런 언어의 장점으로 인하여 연극에서의 정보전달은 빠르고 쉽다. "감사합니다"를 표현하기 위하여 온몸을 뒤흔들 필요도 없으며, 미안한 감정을 표현하기 위해 스스로에게 고통을 주는 행위를 하지 않아도 된다. 그냥 "감사합니다", "미안합니다"로 모든 게 끝난다. 정말 쉽고 빠르다.

그러나 쉽고 빠른 것이 정확한 것을 의미하지는 않는다. 그리고 또한 어떤 깊이를 의미하지도 않는다. 사실 말로 인한 오해가 얼마나 많은가? 그리고 어떤 상황에서의 고통을 말로 표현하려면 얼마나 힘이 드는가? 차라리 표정 한 번이면 끝나는 것을.

하여간 대사란 분명 현대연극에서 가장 기초적인 표현수단임에 틀림없다.

1) 발성과 대사

① **대사는 들려야 한다.** 정확한 발음과 억양이 요구된다. 대사에 정답은 없다. 일단 듣기에 이상하지 않으면 모든 것은 가능하다. 단 말하는 내용을 모두 관객들이 이해할 수 있어야 한다.

② **대사는 이해되어야 한다.** 외면적인 이해란 단어 그대로의 의미를 얘기하며 발음, 대사의 쉼 등에 영향을 받는다. 내면적 이해는 텍스트 내부에 살아있는 감정적인 부분을 의미한다. 이런 부분이 정확하게 전달되지 않으면 작품의 발전이 어려워진다.

③ **대사는 듣기 좋아야 한다.** 적당한 볼륨과 어조, 템포와 리듬을 유지해야 한다.

④ **대사는 건조하지 않아야 한다.** 무대에서 대사는 아무 생각 없이 그냥 내뱉어지지 않는다. 거기에는 반드시 표현하고 전달해야 하는 감정적인 깊이와 강도가 있다. 대사에는 당연히 이런 감정적인 깊이가 포함되어 있어야 한다.

2) 목소리 제어

① 타이밍 — 배우는 언제나 자신의 역할에 최대한 집중하고, 미리 자기와 상대가 할 일에 대하여 계산하지 말고 상대의 대사를 충분히 듣고 느끼고 거기에 반응하여야 한다.

② 대사듣기 — 자신의 역할에 최대한 집중하고 사건 · 상황에 집중한다면 상대방의 대사를 들을 수 있을 것이다. 만일 듣지 못한다면 말하기도 어려우므로 듣기는 가장 기본적인 배우의 조건이다. 사실 이 문제가 쉽지는 않다. 당연히 대사는 나의 말이 아니라 남의 말이므로 내 말처럼 자연스럽게 나오기가 어렵다. 그리고 당연히 상대의 대사를 듣기보다는 상대가 대사를 하는 동안 내 대사를 생각하며 언제 내 대사를 해야 할지를 찾고 있다. 이런 상황에서 대사를 듣는 것은 정말 어려운 일이다. 그러나 완벽하게 암기를 하고 정말 상대의 대사를 있는 그대로 들을 수 있어야 한다.

③ 대사의 중간과 끝 — 배우는 대사에서 그 대사의 제일 끝까지 어미를 붙잡고 자신의 의지로써 발음 발성해야 한다.

④ 대사의 맛 — 단어나 문장의 각각을 충분히 이해하고 약간의 강조를 줘야 한다.

⑤ 울음과 웃음 — 정말 웃고 울어야 하는가? 당연히 정말 웃고 울어야 한다. 단 울거나 웃으면서 대사를 할 때 대사가 정확하게 전달되는 일에 신경을 써야 한다.

28. 무대는 어떤 역할을 하는가?

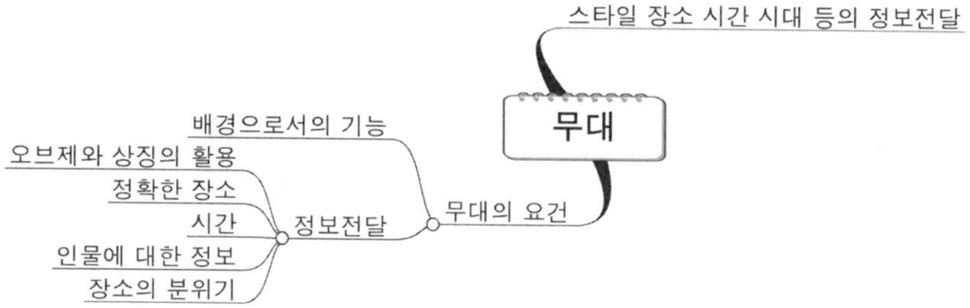

관객이 극장에 들어오면서 제일 먼저 마주하게 되는 것이 무대이고, 모든 것이 끝나 어두워지고 배우들이 퇴장하더라도 무대장치는 사라지지 않으며 나아가 무대 자체는 언제나 그렇게 놓여 있다. 그러므로 관객이 가장 오래 만나는 연극의 요소가 무대이다.

우선 무대는 공연의 배경을 충실하게 전달할 수 있어야 한다. 현재 사건이 벌어지는 이곳은 어디며 이 장소의 분위기는 어떻고 여기에 등장하는 인물의 취향 등과 같이 사건이 전개되기 이전의 기본적인 사항을 관객이 무대를 통하여 어느 정도 파악할 수 있도록 해야 한다. 이런 목적을 달성하는 것은 사실적인 소품이나 장치보다 때로 단순한 오브제나 상징적인 표현이 훨씬 더 효과적인 경우도 있다.

뿐만 아니라, 앞에서도 이미 말한 것처럼 무대의 무든 것은 "있어보여야 한다"는 원리가 당연히 무대에도 적용된다. 우선 관객들이 처음 무대를 보았을 때 기본적으로 무대가 초라하거나 혹은 무성의해 보여서는 곤란하다. 그것이 관객이 처음으로 하는 연극에 대한 평가가 되기 때문이다. 따라서 일단 첫 눈에 뭔가 미적인 완성도에 도달해 있어야 한다. 이것이 무대가 담당해야 하는 최소한의 기본적인 요건이다.

무대는 누가 디자인하는가? 당연히 무대디자이너가 디자인한다. 물론 디자이너는 혼자 결정하고 완성하지 않는다. 그의 작업은 앞에서 배우와 연출의 관계에 대하여 설명한 것처럼 똑같이 연출과 디자이너로 바꾸어 설명할 수 있다. 즉 연출은 주문하고 디자이너는 디자인한다는 것. 당연히 연출이 생각한 기본적인 컨셉에 맞추어 디자인되어야 할 것이고, 연출로 하여금 좀 더 활동적이고 좀 더 효과적으로 무대를 사용할 수 있도록 해야 할 것이며, 배우들이 편안하고 쉽게 움직이며 자신이 하고자 하는 것을 편하게 할 수 있도록 디자인 되어야 할 것이다. 예를 들어 '무대에 기둥이 있어서 앞을 막는다든가' 혹은 '기둥의 높이가 충분히 높지 않아서 그 주변에서 움직일 때마다 고개를 숙여야 한다든가' 혹은 '어느 일부분이 다른 부분에 비해 움직일 때 비좁다든가'처럼 배우들이 움직이면서 이것저것 신경 쓰게 만드는 무대는 좋지 않다. 무대는 실용적이어야 한다.

29. 무대 디자인은 어떻게 할까?

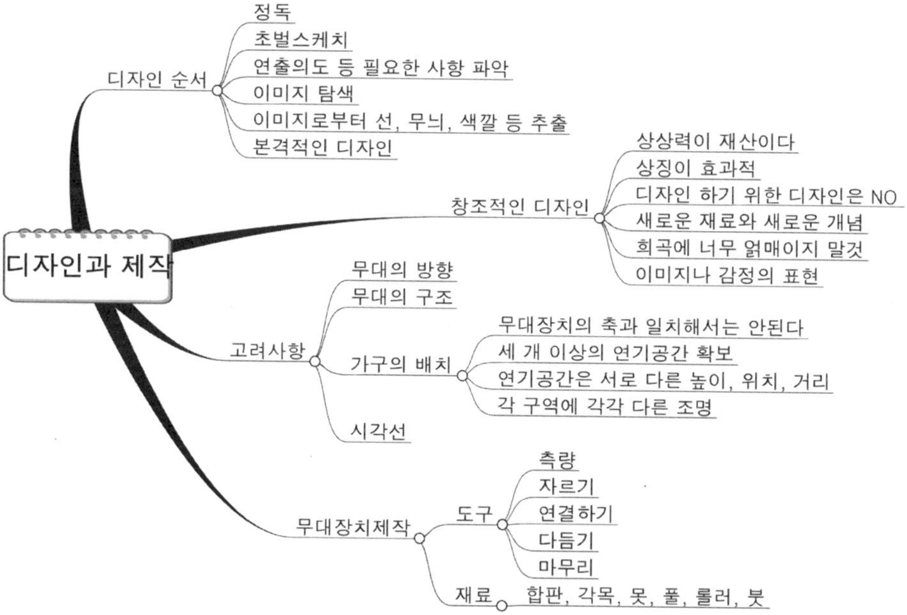

1) 디자인 요소

① 분위기 — 선, 형태, 면, 색깔 등을 어떤 것을 선택하는가에 따라 무대 자체의 분위기가 만들어진다. 연출의 요구와 자신의 예술적인 감각으로 앞의 요소들을 조합하여 무엇보다 "있어 보이는" 무대를 만들어야 한다.

② 균형 — 무대는 전체적으로 균형이 잡혀 있어야 한다. 그래서 가장 먼저 이해해야 하는 것 중 하나는 일반 그림에서 하는 것처럼 어느 한 부분에 초점이 몰리도록 해서는 안 된다는 것이다. 만일 무대의

어느 한 부분에 초점이 맞는다면 관객의 시선은 계속 그리로 향하게 될 것이고 배우에게 집중할 수 없게 된다. 이런 무대는 설사 보기에 아무리 좋을 지라도 절대로 좋지 않은 무대라 분명하게 말할 수 있다. 좋은 무대는 미적으로 완성된 무대보다 작품의 요구를 수용하고 배우들이 편하게 움직일 수 있도록 하는 무대이다.

③ 다양성 — 너무 조용하고 평이한 무대도 결코 좋은 무대는 아니다. 특히 보기만 좋은 무대는 정말 좋은 무대가 아니다. 무대는 스스로 생명력이 있어야 한다(무대에 최후의 생명을 주는 것은 조명이다. 따라서 무대 디자이너는 스스로 조명까지 함께 하든가 아니면 조명 디자이너와 끝없이 토론을 통하여 자신의 무대가 더욱 빛나도록 해야 한다). 그리고 무대가 생명을 가지기 위해서 그 기본은 다양성이다. 평이하고 안정된 듯하면서도 변화가 있는 무대가 좋은 무대이다. 아마도 사실적으로 세심하게 표현하기보다는 오브제와 상징을 이용하여 보다 많은 것을 추구할 수 있을 것이다. 기본적으로 예술이란 사실적이기보다 상징적이기 때문이다.

2) 디자인 순서

① 대본의 전체적이고 대략적인 장소와 분위기 그리고 느낌을 파악한다.

② 등퇴장이나 문 혹은 기타 필요한 장치가 있는지를 생각하며 대략적인 무대의 그림을 그린다.

③ 연출의 의도와 강조를 원하는 부분 그리고 요구사항을 확인한다.

④ 대본을 다시 읽은 후 연출의 요구사항 등을 다시 생각하고 자신의 인상에 적절하게 맞아 떨어지는 이미지를 찾아본다. 이미지는 풍경 사진도 될 수 있고, 잡지에 실린 모델 사진도 될 수 있고 또는 집안 내부 사진이나 혹은 건물 사진 아니면 위성의 표면까지도 이미지가 될 수 있다. 어쨌든 대본을 읽고 난 이후 자신의 느낌을 표현할 것 같은 이미지를 찾아야 한다.

⑤ 이미지로부터 선과 색, 무늬 등을 추출한다. 이미지를 그대로 복사하라는 것이 아니다. 예를 들어 고흐의 〈별이 빛나는 밤에〉라는 그림이 대본을 읽었을 때의 인상에 어울린다면, 그 그림의 주된 색깔, 주로 이루어진 선 등을 찾는다는 것이다.

⑥ 이런 재료를 이용하여 구체적으로 디자인에 들어간다. 그림을 그려본다는 것이다. 예를 들어 실내 장면이라면 실내 어느 곳에 어떻게 문을 넣고 또 다른 곳에는 무엇을 넣고 벽의 무늬는 무엇으로 하고 등등이 될 것이다.

그러나 만일 셰익스피어 작품처럼 여러 곳을 만들어야 한다거나 혹은 실내외 등 여러 장소가 장면변환을 하지 않으면서 동시에 무대에 표현되어져야 한다면 어떻게 할 것인가? 추상이나 상징으로 가야하지 않을까? 혹은 벽의 한쪽만을 만들고 그 앞에 숲을 만들거나 아니면 나무를 만들고 벤치를 만들거나.

이 과정은 정말 많은 그림을 그릴 것을 요구한다. 이런 그림 저런 그림을 수천 장 그리며 여러 가지 가능성을 테스트하는 것이다. 바로 이 과정에 앞에서 추출한 선과 색과 무늬를 이용한다.

⑦ 지속적으로 연출과 토론하고 의논하면서 모두가 만족하는 디자인

이 될 때까지 반복한다.

3) 디자인 할 때 고려사항

① 무대의 방향 — 평행선으로 구성된 연극은 무언가 엄숙하고 정리된 느낌 때문에 고전극이나 양식화된 현대연극에서 사용하고, 각으로 구성된 무대는 기타 현대연극에서 사용된다.

② 무대의 구조 — 무대에 있는 장치가 어떤 방향으로 어떤 것과 연결되어 있는가를 신경 써야 한다.

③ 가구의 배치 — 사실주의 무대에서는 합리적이고 논리적인 배치를 요구한다. 무대에 가구를 배치할 때에는 최대한 다양성을 보장하고, 배우들의 행동에 최대한 공간을 제공할 수 있게 배치되어야 한다. 또한 무대 축과 일치해서는 안 되고 연기가 이루어질 수 있는 몇몇의 공간을 확보해 놓아야 한다.

④ 시각선 — 최대한 많은 관객이 무대의 모든 부분을 볼 수 있도록 무대를 구성하고 동시에 관객들이 무대 뒤에서 일어나는 일은 볼 수 없도록 해야 한다. 이런 목적을 달성하기 위해 수평과 수직의 시각선을 고려해야 한다.

4) 새로운 디자인

① 상상력이 가장 큰 재산이다.

② 상징적으로 표현하는 것이 좋다.

③ 무대를 디자인한다는 생각으로 출발하지 말고 그 작품을 통해 가질 수 있는 이미지나 감정을 단지 무대라는 그림으로 표현한다고 생각하고 접근한다.

④ 새로운 재료와 새로운 개념으로 무대를 만들려 노력해야 한다.

⑤ 희곡에서 지칭하는 것에 너무 얽매이지 말자.

⑥ 무대제작을 위한 도구를 사용하고 특성을 알아야 한다.

5) 무대장치의 제작

일반적으로 무대를 만들 때의 도구는 측량, 자르기, 연결하기, 다듬기, 마무리 등을 위한 도구로 구분된다.

기본적인 재료는 합판과 각목이 가장 일반적으로 사용된다. 그러나 무대를 만들기 위한 재료에는 제한이 없다. 특히 2층 무대와 같이 그 위에 배우들이 올라가야 할 경우에는 합판과 각목으로는 절대 부족하다. 이것 또한 디자이너가 디자인을 하는 과정에서 생각해야만 하는 과제이다. 어떤 재료를 이용하여 어떤 무대를 만들 것인가? 만일 이런 재료에 대한 배려 없이 무대를 디자인한다면 결국 그 무대는 만들어질 수 없을 수도 있으며 만들 수 없는 무대는 당연히 아무런 가치가 없는 무대이다.

특히 학교 연극에서 학생들이 디자인할 경우 이런 현상이 가끔 생길 수 있다. 그러나 이것은 절대적으로 잘못된 디자인임에 틀림없다. 디자인하는 학생은 반드시 그 무대가 자신이 디자인한 그대로 완성되는 것도 책임을 져야 한다. 그러기 위해서는 자신이 사용할 재료에 대한 충분한 이해가 있어야 한다.

●●● 효과적인 기둥세트

이미 그리스 연극에서도 삼각형으로 된 기둥을 무대 세트로 활용했다. 그 기둥을 돌리면서 장소의 변화를 만들었던 것이다. 그리고 이 기둥으로 만든 세트는 오늘날에도 매우 효과적으로 활용이 가능하다. 특히 학교에서 예산이나 시간이 부족할 경우 매우 빠르고 값싸게 만들어 효과적으로 활용할 수 있는 세트로 기둥을 만드는 것을 추천한다.

기둥은 삼각형이나 사각형이어야 할 것이며, 마음대로 움직여 원하는 곳에 위치시키고 필요에 따라 돌릴 수 있도록 바퀴를 달아야 할 것이다. 당연히 무대의 크기에 따라 기둥의 크기와 개수도 달라져야 할 것이다. 기본적인 크기는 대략 옆으로 폭이 1미터 정도에 500석 정도의 중극장이라면 높이는 약 3미터 60센티미터 이상이어야 할 것이다.

디자이너는 기둥을 조합하는 것에 대하여 계산을 해야 한다. 예를 들면 4각 기둥일 경우 한 면에는 회색벽, 다른 면은 벽돌벽, 다른 면은 창문, 또 다른 면은 문일 경우 이런 기둥을 무대에 어떻게 세울 것인가에 대하여 생각해야 한다는 것이다. 어느 면이 객석에 보이도록 할 것인가? 몇 개를 어디에 어떤 방향으로 조합할 것인가? 또는 몇 부분으로 나눌 것인가? 등에 대하여 많은 생각을 하고 기둥세트를 생각해야 한다. 당연히 기둥을 실내로 한정할 필요는 없다. 창문, 문, 벽, 숲이나 하늘을 만들 수도 있고 또 그렇게 만들어진 각 면을 어떻게 조합하는가에 따라 무대는 너무도 다양한 모습으로 변화될 수 있다. 또한 기둥뿐 아니라 중심에 기본 세트를 만들고 그 주위를 장식하는 세트로도 가능하다. 이 기둥을 이용한 무대는 어떻게 조합하는가에 따라 수많은 무대 형태를 가능하게 하는 일종의 만능무대로 활용이 가능하다.

단, 이 무대는 조명이 함께 해야 그 효과가 더욱 뛰어나다. 특히 기둥에 창문을 달거나 혹은 빛이 필요한 경우 조명이 반드시 필요하다. 그러나 기둥 자체 내에 조명을 삽입하는 것은 별로 좋은 방법이 아니다. 조명이 삽입되면 조명선으로 인하여 기둥의 움직임이 제한을 받게 되기 때문이며 그렇게 되면 기둥을 쓰는 의미가 없어지기 때문이다. 그러므로 이 기둥 무대는 반드시 사전에 조명디자이너와 토론을 하여야 한다. 그리고 필요한 위치와 조명의 개수 등을 파악하여 조명을 셋업하는 과정에서 이 무대에 대한 조명이 배려될 수 있도록 해야 한다.

무대 때문에 문제를 겪는 학교 연극에서 이 기둥세트는 매우 효과적인 대안이 될 수 있을 것이다.

30. 조명은 무엇인가?

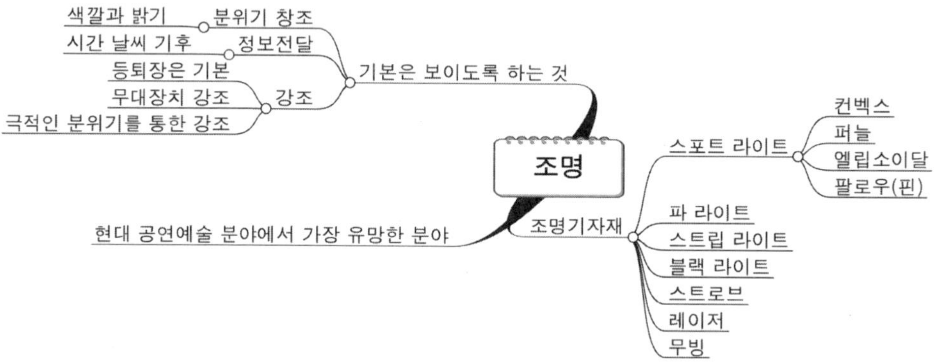

조명의 기본적인 기능은 무대를 보이도록 하는 것이다. 그러나 그것은 최소한의 기본적인 기능이고, 그보다는 전체적인 분위기 창조에 더 중요성이 부여된다. 즉 조명이란 단순하게 잘 보이도록 하는 것은 아니다. 설사 살짝 잘 안보이는 한이 있더라도 주어진 장면이나 작품이 요구하는 분위기를 창조하고 필요한 정보를 전달하는 것을 더 중요하게 생각할 수 있다. 특히 우리에게 가장 취약한 분야가 조명이라는 것을 생각하면 조명에 대해서는 전체적으로 다시 생각해야 할 정도이다(외국영화와 한국영화에서의 조명을 비교하면 우리나라 조명의 수준을 쉽게 이해할 수 있을 것이다).

연극 무대에서도 이런 현상은 어느 정도 보인다. 사실 지금도 그렇지만 조명은 아직 우리 연극에서 그렇게 큰 중요성을 획득하지 못하고 있다. 그러나 무대는 조명에 의해 완성된다. 배우를 포함하여 무대에 존재하는 모든 것들이 조명에 의하여 최종적으로 좋아지든지 나빠진다. 좋지 않은 조명은 무대에 존재하는 모든 것들을 평면으로 만들고 의미 없이 만들어 버린다. 반면 좋은 조명은 무대 자체를 완전히 새로운 공간으로 만들며 이 책에서 계속 강조하는 "있어보이게" 만든다. 무대가 아니라 연극은 최종적으로 조명에 의해 마무리 된다는 것을 분명하게 인식하고 있어야 한다. 물론 앞으로 가장 유망한 분야도 당연히 조명이다.

1) 조명의 기능

① 정보전달 — 조명은 우선 작품의 정보를 충실하게 전달할 수 있어야 한다. 즉 하루의 시간에 대한 정보나 기후 계절 등을 표현할 수 있어야 한다. 예를 들어 아침은 밝은 파란색, 점심과 오후는 호박색, 저녁나절은 빨간색, 밤은 짙은 파란색 등과 같이 표현할 수 있다.

② 분위기 창조 — 조명은 특별한 강조가 없을 때 정보전달을 바탕으로 하고 그 위에 분위기를 창조하고 있어야 한다. 그냥 훤하게 온 무대를 밝힐 것이 아니라 빛과 그림자, 색깔 등을 이용해 무대에 깊이를 주면서 "있어보이게" 만들어야 한다. 이것이 가장 중요한 조명의 기능이다.

③ 강조 — 조명을 어떤 특정한 부분에 추가하거나 삭제함으로써 강조될 수 있다.

2) 조명기자재

조명을 제대로 하기 위해서는 당연히 조명 기자재에 대해 알아야 한다. 무대조명이란 단순하게 전등 몇 개 '껐다, 켰다'에서 끝나는 것이 아니라 때로는 수백 개의 조명기를 설치하고 그것을 정해진 순간에 정해진 속도로 켜고 꺼야 하는 매우 복잡하면서도 번거로운 작업이다. 어쨌든 조명을 제대로 하기 위해서 조명 기자재를 알아야 하는 것은 너무도 기본적인 사항이다. 각 조명기의 특징을 모르고 조명을 디자인 할 수 없다. 더구나 조명기는 그 종류에 따라 조명의 색깔부터 빛의 특질, 빛의 방향 등 모든 것이 너무 다르다. 때로는 흰색 계통의 강렬한 색이 모이기도 하고 혹은 태양빛이 퍼지기도 한다. 조명디자인이란 필요에 따라 이런 조명기 중 적절한 조명기를 골라 적절한 순간에 적절한 광량으로 켜고 끄는 것이다.

① 스포트라이트 — 스포트라이트는 기본적으로 렌즈와 램프 및 반사판 그리고 몸통으로 구성되어 있으며, 이 램프가 앞뒤로 이동하면서 빛이 넓어지거나 좁아진다. 즉 강한 빛이 어느 정도 제한된 범위를 비추도록 만들어진 조명기이다.

컨벡스스포트Plano-Convex Spot — 보통 PC라고 부르며 볼록렌즈로 되어 있어 빛을 모아 원하는 부분만 집중적으로 조명할 수 있다.

퍼늘스포트Fresnel Spot — 여러 개의 동심원이나 혹은 수많은 작은 점들과 같은 작은 볼록렌즈들이 평면렌즈 위에 붙어 있다. 그래서 빛이 한 곳으로 모이지 않고 넓게 퍼져 나간다.

엘립소이달Ellipsoidal — 주로 특수 목적으로 사용된다. "고보"라는 이름의 무늬판을 이용하여 무대에 원하는 문양을 그릴 수 있고, (십자가, 창틀, 숲, 문, 나무 등 모든 문양을 만들어 무대에 투사할 수 있다) 조명기 자체에 달린 네 개의 셔터를 이용하여 삼각형이나 사각형 등의 모양도 만들 수 있다. 또한 타워에서 쓸 때 강하게 측면에서 조명함으로

써 환상적인 분위기를 창조할 수 있고, 흔히 한 부분에 집중적으로 조명하는 "탑"의 용도로 많이 사용한다. 그러나 조명기에 줌 기능이 장착되지 않은 경우 넓이를 조절할 수 없다는 단점이 있다.

무빙Moving — 이 조명기는 이름이 의미하는 것처럼 움직일 수 있다는 장점이 있다. 즉 한 곳에 설치되어 한 곳만 조명하는 것이 아니라 필요에 따라 조명기가 레일을 따라 움직이거나 혹은 조명기는 고정된 상태에서 상하좌우로 이동하며 조명이 가능하고 거기에 기본적인 고보와 색깔까지 변화가 가능하다. 그러므로 한 대의 조명기로 여러 대의 역할을 할 수 있다(앞으로 모든 조명기는 무빙으로 대체될 것이다. 조명에 관심이 있는 사람은 무빙에 대하여 충분히 알 수 있도록 준비해야 한다).

팔로우Follow — 이 조명기는 흔히 쇼 무대 등에서 자주 보이는 것처럼 무대 상의 특정인을 따라가며 비추는 조명기를 말한다. 물론 기계 자체가 자동으로 따라갈 수는 없으며 이 조명기를 조작하는 사람이 빛의 크기와 색깔 혹은 사람을 따라가는 것을 직접 조작해야 한다.

② **스트립 라이트**Strip Light — 스트립 라이트는 넓은 부분을 일정하게 조명하기 위해 사용된다. 그래서 스트립 라이트에는 렌즈가 달려있지 않고 단지 색깔만 바꿀 수 있다. 대부분의 극장 천장에 거의 예외 없이 달려 있으며 보통 여러 색의 젤라틴이 끼워져 있다. 특히 스트립 라이트는 설치된 위치에 따라 각각 다른 이름으로 불린다.

호라이즌 스트립 Horizon Strip — 극장 제일 뒤에 있는 막에 색깔 조명을 하기 위하여 사용되는 스트립 라이트.

백킹 스트립Backing Strip — 예를 들어 문을 열었을 때 밖으로부터 빛이 들어오는 것과 같이 일시적인 목적으로 사용되는 스트립 라이트.

푸트라이트 Foot Light — 무대 제일 앞 바닥에 설치된 스트립 라이트.

③ 파par 라이트 — 스포트라이트와는 달리 매우 단순하며 아무런 장치도 없고 단지 램프와 렌즈만 있는 조명기로써 강한 빛을 집중적으로 비추기 원할 때 사용되는 조명기이다. 특히 빛이 어느 정도 넓이를 유지하며 직선으로 나가기 때문에 이런 효과를 원하는 조명에 쓸 수 있다. 대파와 소파가 있고 가볍고 매우 효과적이다. 빛 줄기를 보여주고자 할 때 많이 쓰인다(흔히 야외 이벤트 무대에 설치된 은색 알루미늄 조명기는 대부분 파라이트이다).

④ 블랙 라이트black light(흰색을 파랗게 빛나게 만드는 조명), 스트로브Strobe light(강하게 반짝이는 섬광조명), 레이저Laser

대파

무빙

스트립라이트

엘립소이달

팔로우

퍼늘

31. 이렇게 하면 조명 디자인 나도 할 수 있다!

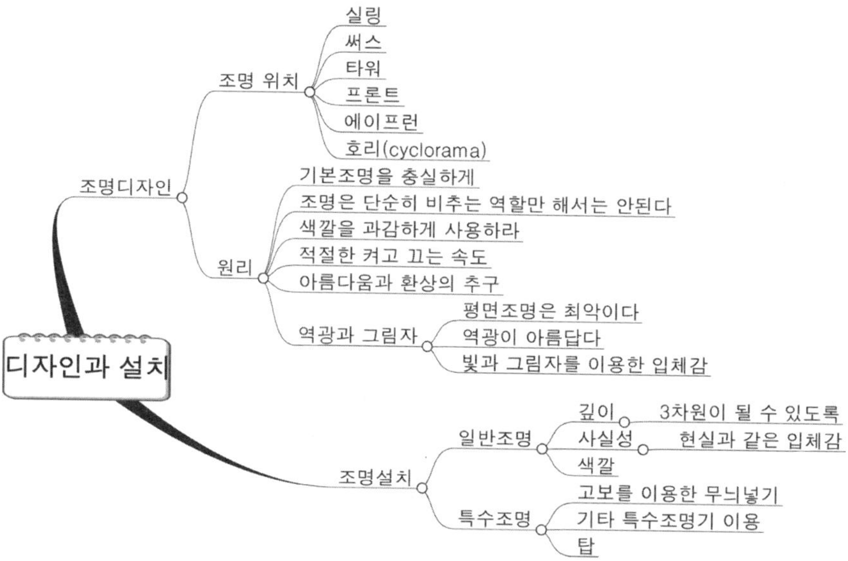

조명디자인이란 연극에서 현재까지 진행한 모든 작업을 마무리 짓는다 생각하면 정확할 것이다. 왜냐하면 조명이 어떻게 들어가는가에 따라 무대에 존재하는 모든 것들이 변하기 때문이다. 특히 색깔 조명을 많이 사용할 경우 무대의 모든 색깔이 변하게 된다. 이로 인해 원하지 않는 분위기를 창조할 수 있으므로 조명 디자이너는 디자인에 앞서 반드시 전체적인 색깔에 대한 체크가 있어야 하며, 작업에 들어가기 이전 다른 스태프들과 토론을 거쳐 색깔에 대한 조화를 추구해야 한다.

1) 조명의 기본

① 깊이 — 우리의 현실은 모든 것이 입체로 만들어져 있다. 그리고 입체는 대조에 의하여 두드러진다. 즉 밝음과 어두움의 대비로 입체가 되고 깊이가 생긴다는 것이다. 가장 나쁜 조명은 그냥 모든 것을 훤하게 켜는 평면조명이다. 조명 디자인의 기본은 모든 것을 잘 보이도록 하는 것이 아니라 빛과 그림자를 이용하여 무대에 깊이를 만드는 것이다.

② 사실성 — 무대의 사실성을 완성하는 것은 조명이다. 사실성은 한마디로 입체감을 말한다. 평면조명은 사실 우리가 생각하는 것과 달리 매우 사실적이지 못하다. 예를 들어 햇살 좋은 날, 아파트 거실에서 베란다 쪽을 보자. 창에 햇살이 비추고 창틀의 그림자가 있고 그 창틀 안은 매우 밝게 사각형으로 빛나고 그 주변으로 약간 빛이 약해지고 빛이 직접 들어가지 않는 거실 귀퉁이는 흐릿하고. 빛은 바로 이것이다. 밝고 약함과 그림자의 공존.

③ 색깔 — 단순하게 생각하면 빛이란 하나의 색으로 만들어지지 않았다. 빛을 스펙트럼에 비추면 여러 색으로 분리되는 것처럼 빛이란 단색이 아니다. 즉 무대에 사용되는 빛도 이런 생각 하에 사용되어야 한다. 색깔 조명이 기본이라는 것이다.

2) 조명의 설치

극장에는 다양한 위치에 다양한 조명이 설치되어 있다. 보이는 곳에도 또 보이지 않는 곳에도. 세계적으로 유명한 뮤지컬의 경우 보통 수백 대 이상의 조명기가 설치되고 사용된다. 물론 여러 종류의 조명기도 사용되지만 여러 위치에서도 조명이 비추어 진다. 어디에서 조명하는가 역시 디자인에서 중요한 문제이다.

① 실링 — 객석 위 천장에 있는 조명. 무대 앞부분을 주로 비춘다.
② 써스 — 무대 천장에 있는 조명으로 무대 위에 한 줄만 있는 것이 아니며 무대의 깊이에 따라 여러 줄의 조명이 달려 있다. 특히 스트립 라이트가 달려있기도 하므로 무대 전체에 색깔 조명을 할 때 효과적으로 사용될 수도 있으며, 무대 뒷부분을 주로 조명하고 위치에 따라 다양한 용도로 활용된다. 실제로 가장 많이 활용되는 조명이 바로 이 써스에 달려 있는 조명들이다.
③ 타워 — 무대 좌우측의 포켓에 위치한 조명 타워로서 좌우에서 조명한다. 이 조명도 한 줄만 있는 것은 아니며 경우에 따라 이동도 가능하고 다양한 효과를 창조할 수 있다.
④ 호리 — 호라이즌horizon 혹은 싸이클로라마cyclorama(무대 제일 뒤에 있는 막)를 비추는 조명을 말하며 주로 스트립 라이트가 달려있고 여러 색깔로 막에 균일하게 조명함으로써 무대에 전체적인 분위기를 창조한다.

●●● 조명디자인이란 결국 이 네 종류의 조명을 어떻게 구성해서 "있어 보이도록"하는가의 문제이다. 이 외에도 추가로 프론트, 에이프런 등에 위치한 조명들도 모두 사용될 수 있으며 필요에 따라 조명 스탠드를 이용

하여 원하는 위치에서 조명할 수 있다.

3) 조명디자인

① 기본조명을 색깔과 빛 그리고 그림자를 이용하여 충실하게 입체적으로 디자인하라.

㉠ 기본조명은 먼저 무대를 몇 부분으로 나누는 것에서 시작한다. 연습을 보며 행동이 집중되는 부분을 찾으면 부분 구획이 가능하다. 이 구획을 바탕으로 행동이 많이 집중되는 곳을 밝게 비추고 행동이 없는 곳은 약간만 비출 수 있도록 조명기를 배치한다. 조명은 앞에서만 비추는 것이 아니라 앞과 뒤, 그리고 옆에서 동시에 비추어야 한다. 물론 상황에 따라 앞 뒤 옆의 광량 퍼센테이지가 다를 것이다. 예를 들어 일반적인 상황이라면 70:20:10, 극적인 상황이라면 30:50:20, 혹은 20:20:60 등과 같이 어느 곳을 주된 광원으로 쓸 것인가를 생각해야 한다(소극장에서는 아마 옆, 즉 타워조명이 없을 수도 있다).

㉡ 다음으로 문 창문 혹은 등퇴장이 이루어지는 곳에 추가로 조명을 배치한다.

㉢ 무대 디자인을 보면서 그림자가 만들어질 수 있는 부분에 그림자를 만든다. 예를 들면 나무가 있을 때 그 나무에 조명을 비추면 무대에 그림자가 생긴다. 그러나 그 그림자만으로는 부족하므로 "고보"를 이용하여 더 많은 나무 그림자를 추가하여 확실하게 많이 보여주는 것이다. 집안 장면이라면 창문 그림자가 반드

시 필요하다.

㉣ 특별하게 비춘다는 목적보다 포인트로 약간 강조할 수 있는 위치를 찾아 그 부분에 조명기를 더 추가한다. 예를 들면 책상 위 어떤 소품이나 어떤 특정한 위치의 의자 등등.

㉤ 연습에서 행동이 모이는 곳, 즉 배우들이 한 장소에 집중적으로 모이는 곳에 추가로 조명을 배치한다(1번에서 좀 더 밝은 곳과 덜 밝은 곳의 대비가 6:4 정도라면, 여기에서 집중되는 곳과 다른 곳의 대비는 8:2 정도가 될 수도 있다. 즉 더욱 강한 대비가 필요한 좀 더 넓은 "탑"이라고 생각하면 된다).

㉥ 만일 흰색 싸이클로라마를 사용한다면 싸이클로라마에 들어갈 색깔을 분위기에 따라 선택한다.

㉦ 혼자에게 들어갈 조명, 즉 "탑"을 체크하고 엘립소이달 조명기를 설치한다.

㉧ 당연히 이 과정에는 언제나 색깔을 생각하고 진행해야 한다. 보통 매우 약한 sky blue나 매우 약한 amber나 magenta가 기본으로 사용되고, dark blue와 amber도 매우 많이 사용되며, 특별한 목적에는 red도 사용된다. 그러나 red는 색깔 자체가 너무 강하므로 조심해야 하며, green은 특이한 분위기를 창조하므로 조심해야 한다.

② 조명에 연출의도가 들어있을 수 있도록 분위기 창조에 최우선 순위를 두어라.

③ 색깔을 과감하게 사용하라. 자연은 색깔로 이루어져 있다.

④ 조명은 있는 그대로 보여주는 것이 절대로 아니다. 필요한 것은 더

잘 보이게 필요하지 않은 것은 보이지 않도록.

⑤ 조명은 아름다움과 환상을 추구해야 한다. 역광과 그림자를 이용하여.

⑥ 필요하다면 아리리스, 햇, 반도어 등을 이용하여 조명을 잘라 사용할 수도 있다.

●●● 피지pigi, 파니pani, 스타크stark — 이 이름들은 건물 외벽에 투사할 수 있는 초대형 프로젝터들이다. 이 기계들은 쇼와 무용에서 현재 자주 사용된다. 머지않아 연극이나 뮤지컬에서도 매우 많이 사용될 기기들이다.

32. 의상은 이렇게 합시다

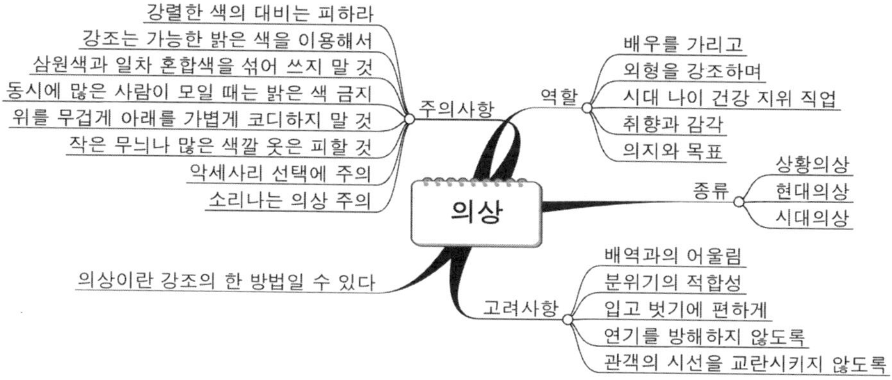

의상은 그것을 입은 배우를 가려야 하고 또한 그 인물의 외형을 강조할 수 있어야 하며, 나이 건강 지위나 직업의 정보를 알릴 수 있어야 한다. 즉 연극을 구성하는 다른 요소들처럼 서로 상반되는 두 가지의 기능을 동시에 담당해야 한다. 즉 가리는 것과 노출시키는 것. 가리는 기능은 원래 배우를 가려야 할 것이고, 노출은 배우가 아닌 역할에게 행해져야 하는 기능일 것이다.

1) 의상의 종류

① 상황의상 — 분위기나 뮤지컬 코러스의 의상과 같은 상황에 따른 의상을 말한다(디자이너의 상상력에 의하여 디자인 됨).

② 현대의상 — 현대극에서 사용되는 의상(우리가 대부분 일상에서 사용하는 것으로서 종류가 다양하므로 선택이 중요).

③ 시대의상 — 과거의 다른 시대를 표현하는 의상(관객이 자신들의 관점을 원하는 시대로 바꿀 수 있도록 시대를 분명하게 표현하는 것이 중요).

2) 코디할 때 주의사항

① 강렬한 대조를 이루는 색은 많이 사용하지 말 것.
② 밝은 색을 주로 사용할 것.
③ 삼원색과 그 사이에서 나오는 중간색을 함께 사용하지 말 것.
④ 소리 나는 옷이나 반짝이는 옷은 주의할 것.
⑤ 무늬가 많은 의상에 주의할 것.
⑥ 아래가 가볍고 위가 무거운 색은 피할 것.
⑦ 의상으로 강조하고자 할 때에는 밝은 색을 이용할 것.

●●● 의상이란 일시적인 강조의 방법이 아니다. 적어도 무대에 배우가 나와 있는 내내 관객의 시선을 끌게 되므로 특히 신경을 써야한다.

33. 분장은 어떻게 할까요?

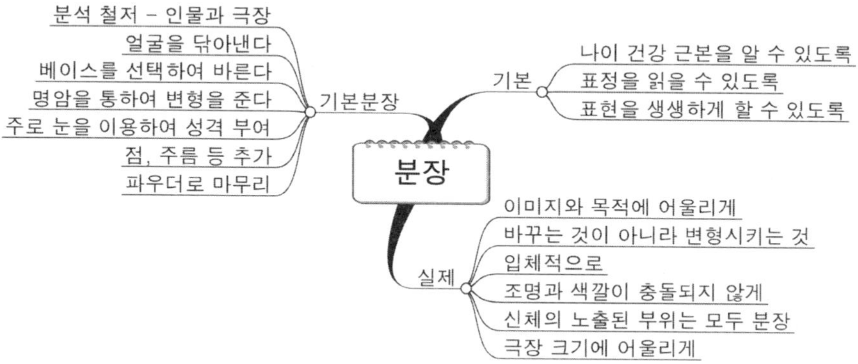

관객이 극장에서 공연을 보면서 가장 관심을 갖는 것은 무엇일까? 그것은 역시 배우의 얼굴이다. 그러므로 분장이란 이런 관객의 관심에 부응할 수 있도록 매우 세심하게 이루어져야 한다. 배역의 나이 건강 근본 등에 대한 정확한 정보를 즉시에 관객에게 제공할 수 있어야 하며, 배우의 얼굴에 분명한 윤곽을 줌으로써 배우들의 표정이 정확하게 표현될 수 있도록 해야 하며, 나아가 눈이나 입 등 표현과 밀접한 부분들을 강조함으로써 배우의 표현에 생생함을 줄 수 있어야 한다.

1) 분장의 원칙

① 배역을 확실하게 표현해야 한다.

② 새롭게 만드는 것이 아니라 기존에 존재하는 것을 변형시키는 것이라는 걸 알아야 한다.

③ 색깔과 음영을 이용하여 최대한 입체적인 양감으로 분장을 해야 한다.

④ 조명에 의하여 달라질 수 있으므로 반드시 조명을 염두에 두고 분장해야 한다.

⑤ 신체 노출된 부분도 해야 한다.

2) 분장순서

① 얼굴을 깨끗하게 닦아 낸다.

② 정해진 색깔의 베이스를 이용해 기본적인 얼굴색을 칠한다(정해진 색깔의 베이스란 배우 자신의 얼굴색과 자신이 담당한 역할의 얼굴색을 기준으로 정해진다. 배우와 역할 사이에 큰 차이가 없다면 배우의 얼굴색과 유사한 베이스 색깔이 선택될 것이고, 배우와 역할이 차이가 심하다면 역할을 중심으로 베이스 색깔이 선택될 것이다).

③ 명암을 통하여 필요한 변형을 가한다.

④ 특히 눈과 같이 표현에 직접 연관된 강조가 필요한 부분을 강조한다.

⑤ 점이나 주름 등을 표현한다.

⑥ 분장이 들뜨거나 묻어나지 않도록 파우더로 마무리한다.

34. 소품은 공연을 완성시키는 최후 요소!

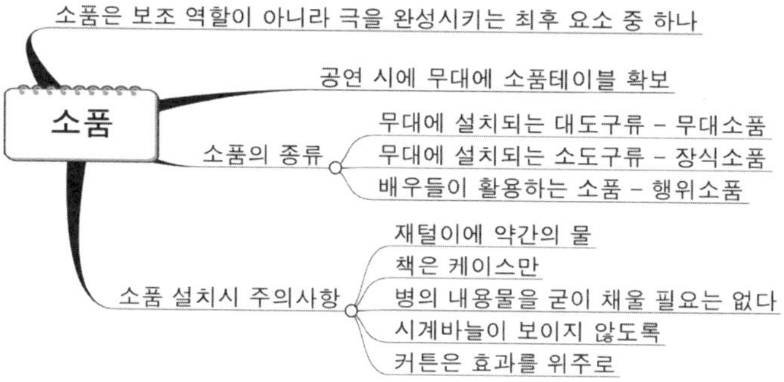

소품은 용어부터 뭔가 사소한 느낌이 든다. 그래서 소품은 필요에 따라 없어도 별로 문제가 되지 않을 수도 있다는 느낌이 든다. 그러나 소품은 어떻게 활용하느냐에 따라 매우 효과적인 공연의 주요 도구로 쓰일 수 있다. 소품은 단순하게 부족한 부분을 채워주는 없어도 큰 문제가 되지 않는 사소한 물품이 아니라 극을 완성시키는 최후의 요소 중 하나이다. 특히 소품의 효율적인 사용을 통하여 연출은 시각적으로 많은 작업을 할 수 있으며, 특히 주제를 강조하는 데에도 매우 효과적으로 다양한 소품을 사용할 수 있다. 소품은 생각보다 훨씬 더 중요한 역할을 담당할 수 있다.

① 무대소품 — 일반적으로 규모가 큰 것. 직접 제작하는 것보다 빌리는 것이 더 효과적. 가구나 바위 등.

② 장식소품 — 꽃병 시계 등 무대를 장식하는 목적으로 사용되는 소품. 색깔과 형태에 주의할 것.

③ 행위소품 — 가방이나 담배 책 등 배우들이 들고 행동할 수 있는 작

은 규모의 소품.

●●● 소품은 의상과 무대 그리고 조명에 적절하게 어울려야 하며, 배우가 끝까지 안심하고 사용할 수 있도록 튼튼해야 한다.

●●● 소품 담당자는 소품 리스트를 만들어 체크해야 하며, 공연 시에는 무대 뒤에 소품을 전시할 수 있도록 소품 테이블을 반드시 확보하고 설치해야 한다.

35. 뮤지컬, 알고 보면 쉽다!?

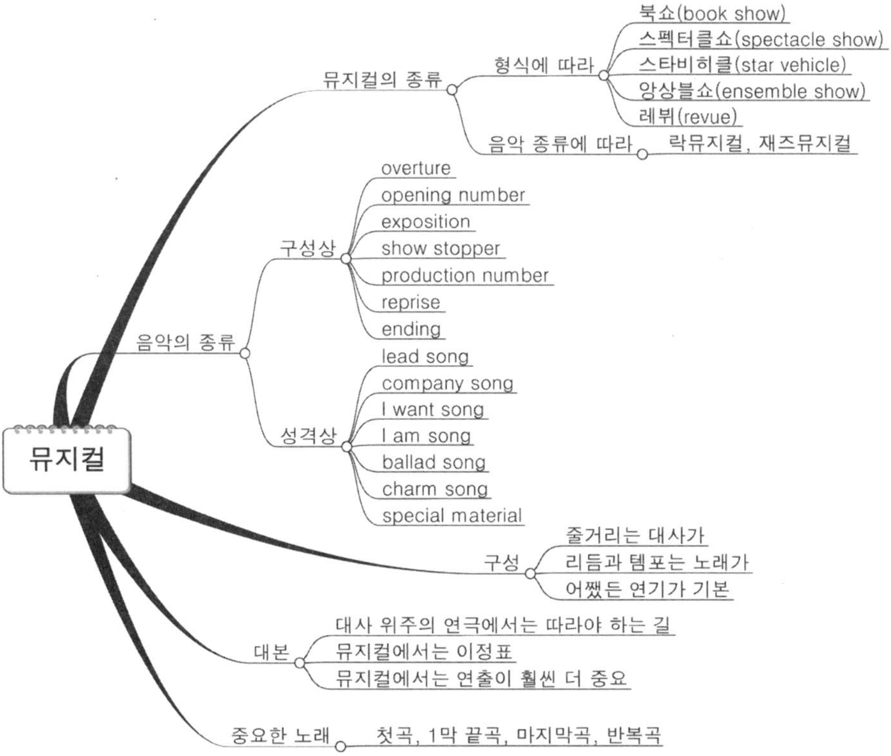

우리나라에서 뮤지컬은 지난 1997년 이후 가장 관객이 많이 찾는 공연예술형태가 되어 있다. 극장을 찾는 관객들의 60% 정도가 뮤지컬을 찾는다. 뮤지컬의 어떤 부분이 관객들에게 어필할까?

관객이 뮤지컬을 찾는 이유는 여러 가지가 있을 수 있지만, 아마도 가장 큰 이유는 뮤지컬이 쉽기 때문일 것이다.

우선 내용적인 면에서 뮤지컬은 쉽다. 대부분의 뮤지컬은 쉬운 얘기

단순한 얘기로 구성된다. 조용히 침묵하며 몰래 관찰해야 할 진지함도 별로 많지 않으며, 또 많은 생각을 하며 풀어나가야 하는 심각한 이야기도 그렇게 많지 않다. 그 내용이 특별히 고상하지도 않고 어려운 방법으로 공연을 제작하지도 않는다. 대부분의 뮤지컬은 흔히 주변에서 관찰할 수 있는 쉬운 이야기를 소재로 하거나 혹은 완전히 꿈같은 몽상을 소재로 하여 편안하게 즐길 수 있다.

다음으로 형식적인 면에서도 뮤지컬은 매우 쉽다. 마치 가벼운 쇼라도 보듯 쉽게 편하게 접할 수 있다. 보통 단순하고 재미있고 즉흥적이다. 뮤지컬은 기본적으로 노래와 춤 그리고 대사로 구성된다. 그러나 처음부터 끝까지 대사로만 길고 지루하게 진행되는 연극과는 다르게 지루하고 심각한 얘기를 할지라도 그리 길지 않으며 곧 춤이나 노래가 등장하며 표현양식이 변화하게 된다. 즉 연극에 비하여 표현양식의 다양한 조합이 가능하므로 연극보다 훨씬 풍부하며 쉬운 표현이 가능해지고 그것이 관객의 시선을 끌 수 있다.

뮤지컬이 쉬운 또 다른 이유는 그 표현이 비교적 직접적이라는 것이다. 연극은 보통 중요한 이야기를 직접적으로 하지 않으며 은유적으로 표현하는 경우가 많다. 그러나 뮤지컬은 극이 진행되는 중간에 춤과 노래 등의 개입으로 스토리를 집중해서 길게 끌고 갈 수 없으며, 스토리를 계속해서 연결시켜 가는 것도 어려우므로 보통 구성 자체가 노래를 중심으로 짧게 단편적으로 구성된다. 그러므로 중요한 이야기를 길고 진지하게 풀어가며 스토리를 전개하기에는 너무 얘기가 복잡하고 시간이 길어진다. 따라서 짧게 스토리를 전개하고 노래로 마무리 짓고 또 다른 스토리와 노래로 진행되는 단편적인 방식으로 구성되므로 매우 분명하고 직접적이며 쉽다.

뮤지컬은 또한 매우 극적이다. 물론 연극이라는 장르 자체가 극적인 표현을 바탕으로 하지만 특히 뮤지컬은 그 음악의 추가로 인하여 일반 연극보다 훨씬 더 극적이다. 그러므로 공연이 끝났을 때 관객에게 남아 있는 감정 역시 일반 연극에 비하여 훨씬 더 극적이고 강하다.

이런 이유에 음악의 맛, 이것이 뮤지컬의 핵심이다. 〈캐츠Cats〉라는 뮤지컬이 유명하지만 사실 그 스토리의 2 / 3는 고양이 종류 소개하느라 보내고 남은 스토리도 아주 단순하고 전혀 별다른 어떤 맛도 재미도 없다. 좀 더 극단적으로 말하자면, 단지 그 공연에 삽입된 〈Memory〉라는 노래 한 곡으로 세계적인 뮤지컬이 되어 있다.

물론 모든 뮤지컬이 다 그런 것은 아니지만 대부분의 경우 일반적인 연극에 비하여 뮤지컬은 쉬운 코드로 구성되어 있기 때문에 공연을 보면서 보다 편하고 쉽게 접근할 수 있다. 관객은 그냥 가벼운 마음으로 때로는 박수도 치면서 혹은 볼거리에 감탄도 하고 노래에 흥겨워하면서 가볍게 공연을 보면 된다. 현재 대부분의 뮤지컬들은 바로 관객들이 이렇게 볼 수 있도록 공연을 만들고 있다.

1) 뮤지컬 제작은 쉽다

① 중요하고 극적인 부분들이 노래와 춤에 의해 쉽게 해결할 수 있으므로.

② 노래가 중간 중간에 삽입되므로 기본적인 리듬과 템포도 자연스럽게 조절되므로.

③ 노래와 춤의 삽입 등으로 인하여 연습이 대사와 연기만 하는 것보다

다채롭고 덜 지루하므로.

④ 사소한 사실성의 문제를 신경 쓰지 않고 상상과 상징으로 처리해도 되므로.

2) 뮤지컬 제작은 어렵다

① 음악은 대사나 연기처럼 빠르고 쉽고 간단하게 정리할 수 없으므로.
② 노래와 춤 등이 일정수준 이상이 아니라면 만들 수 없으므로.
③ 무대 조명 음향 등 모든 스태프 영역이 복잡하며 많은 변화와 기술과 능력을 요구하므로.
④ 많은 기자재와 기계 기술이 필요하므로.

한 마디로 말하자면 "좋은 음악을 가지고 최소한의 노래와 춤에 대한 능력 있는 배우들이 상상력이 풍부한 연출과 만나 충분한 기계 기술적 도움이 있을 때 좋은 뮤지컬의 제작이 가능하다"는 결론이 나온다.

3) 뮤지컬 음악의 종류

① 구성상 분류

Overture — 공연을 시작할 수 있도록 전체적인 분위기를 정리하는 곡.

Opening number — 첫 곡으로 경쾌한 비트와 많은 캐스트가 동원되어 관심을 끌기 위한 화려한 곡.

Exposition — 극이 진행되어 가는 과정을 보여주는 노래.

Show stopper — 분위기를 환기하는 곡.

Production number — 가장 화려하고 역동적인 곡으로 주로 1막 마지막 곡으로 쓰임. 이 노래 이후 휴식을 위한 막간을 갖고 2막을 시작하는 것이 보통이다.

Reprise — 앞에서 불렀던 노래를 다시 부르는 곡. reprise 되면 앞과는 다른 반전이 삽입되는 것이 일반적이다.

Ending — 마지막 곡으로 분위기를 더욱 강화시키고 강조하기 위해 음악의 최선이 바쳐지는 곡.

② 성격상 분류

Lead song — 테마송으로 중요한 곡이어서 여러 번 반복된다.

Company song — 합창곡.

I want song — 갈등의 시작을 의미하는 곡.

I am song — 앞의 상황을 직접 설명하는 곡.

Ballad song — 감미로운 곡.

Charm song — 극적 흐름에 긍정적 전환이 필요할 때 부르는 곡.

Special material — 가장 화려하고 볼거리가 많은 곡으로 보통 production number.

* 첫 곡, 1막 끝 곡, 마지막 곡에 집중하라. 보통 이 곡들이 작곡가가 심혈을 기울여 쓰고 최선을 다해 만든 하이라이트 곡들이다. 그러므로 만일 뮤지컬 넘버를 작곡하기 원한다면 이 곡들에 최선을 다하라.

36. 뮤지컬 음향은 이렇게 하라

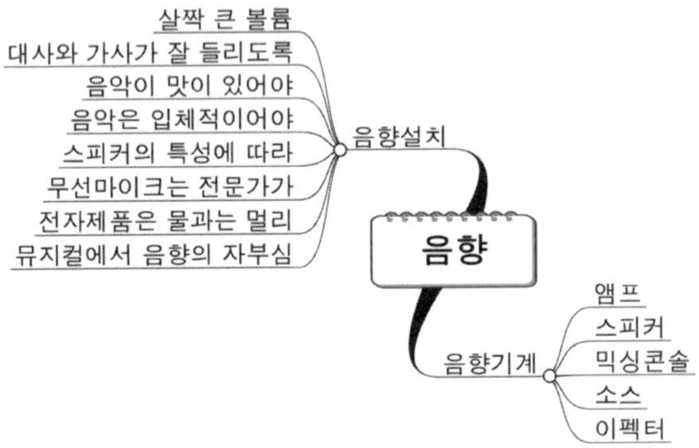

뮤지컬이 쉽지 않은 이유 중 하나는 뮤지컬에 많은 기술과 기계가 필요하기 때문이다. 사실 뮤지컬은 시청각적인 모든 면을 다양하게 활용하는 공연의 특성상 연극에 비하여 모든 구성 요소들이 다양하고 복잡하며, 특히 가장 많은 부분을 차지하는 무대와 조명이 연극과는 비교가 되지 않게 많은 변화를 요구한다. 그러나 그런 것들은 기술과 양의 문제이지만, 뮤지컬에서 음향은 완전히 새롭게 추가되어야 하는 부분이다. 그것도 매우 중요하게. 한마디로 음향 없이 뮤지컬은 불가능하다. 그러나 다행스럽게 음향은 순전히 기술적이다. 기계만 정확하게 파악할 수 있다면 약간의 적응을 거쳐 누구나 접근할 수 있는 영역이다.

1) 음향기기

앰프Amplifier, AMP. — 필요한 크기로 소리를 키우거나 줄이는 기계.

스피커Speaker — 소리를 직접 내는 기계.

소스Source — CD 마이크 등 소리를 가지고 있는 다양한 음원.

믹싱콘솔Mixing Console, Mixer — 여러 음원 소스를 동시에 사용할 수 있도록 하는 기계.

이펙터Effector — 소리를 보다 듣기 좋도록 만들어 주는 다양한 기계들.

음향기기는 CD 플레이어나 카세트 데크 혹은 마이크 등 원래 소리를 가지고 있는 음원이 있고, 그 소리를 원하는 크기로 확대시키기 위한 앰프가 있으며, 앰프로부터 받은 소리를 재생해 내는 스피커가 기본 구성이다. 그러나 이렇게만 구성되면 동시에 여러 개의 마이크를 쓰거나 혹은 음악과 마이크를 동시에 사용할 수 없다. 그래서 여러 개의 음원(소스)들을 동시에 원하는 볼륨으로 재생할 수 있기 위하여 이 소스들만을 미리 연결하여 조합하는 믹싱콘솔을 사용하게 된다. 이 믹싱콘솔에 의하여 모든 소리의 강약이 미리 조절되고 앰프는 순수하게 믹싱콘솔에 의하여 주어지는 소리를 재생하게 된다.

뮤지컬에서 사용되는 음향기기는 일반 가정용이나 혹은 음악 감상용에 비하여 그 사용조건이 매우 험난하다. 매우 크게 틀어야 하는 것은 기본이고, 때로 수십 대의 마이크를 연결해 소리도 지르고 강력한 기타 소리나 드럼 소리가 들어가기도 하며, 또 하루 종일 켜 놓기도 하고 야외에서 사용하기도 하며, 예상치 않은 전기의 문제 등 수 없이 많은 문제들이 생길 수 있다. 그래서 기본적으로 뮤지컬에서 사용되는 음향기기는 음악 감상용에 비하여 튼튼하게 만들어지며 흔히 방송용(PA)기기로 불린다(일반 가정용에 마이크를 연결해서 사용하면 머지않아 스피커가 망가질 것이다).

음향기기 중 소리의 질에 가장 큰 영향을 끼치는 것은 스피커다. 어떤 스피커를 사용하느냐에 따라 소리가 완전히 달라진다. 강하고 딱딱한 소리를 내는 스피커도 있고 부드럽고 감미로운 소리를 내는 스피커도 있으며, 저음이 강한 스피커 고음이 강한 스피커 등 스피커마다 다양한 특징이 있다. 또한 어떤 공간에 있는 모든 사람들에게 동일한 소리를 들을 수 있도록 하겠다는 목표로 개발된 라인어레이Line Array 시스템이 개발되어 사용되고 있기도 하다.

그러나 이런 기계들만으로는 보다 감동적인 소리를 만들 수 없다. 이런 이유에서 다양한 이펙터를 사용한다. 예를 들어 가장 기본적인 기계 중 하나로 이큐E.Q, Equalizer를 들 수 있다. 이큐는 20에서 20,000hz 사이의 사람이 들을 수 있는 가청영역대의 소리 중 원하는 영역대의 소리를 인위적으로 크게 하거나 작게 할 수 있는 기계이다. 적게는 BASS와 TREBLE이라는 두 개의 구분부터 많게는 수십 개의 영역대로 나뉜 기계들이 사용된다(사실 이 EQ 하나만 제대로 세팅할 수 있어도 소리는 완전히 달라진다). 여기에 현장에서 울리는 것과 같은 소리를 만드는 리버브Reverb, 너무 크거나 듣기 싫은 소리가 나면 그 소리를 적절하게 조절해 주는 리미터 컴프레서Limiter / Compressor를 비롯한 수많은 장비들이 뮤지컬에 사용된다.

2) 음향 담당이 생각해야 할 몇 가지

① 뮤지컬 관객들은 시끄러운 음악을 듣기 위하여 온 것이므로 기본적으로 약간 시끄럽게 큰 볼륨으로 한다.

② 무엇보다도 가사가 들릴 수 있도록 마이크와 음악의 볼륨을 조절한

다. 가사가 제대로 들리지 않는다면 스토리 전개에 문제가 있고 따라서 그만큼 극적 효과가 약해질 것이다.

③ 배우가 있는 곳으로부터 노래가 들릴 수 있도록 음향기기를 배치해야 한다. 예를 들어 배우는 가운데에서 노래하는데 스피커는 무대 양쪽에만 있다면 약간 이상할 수도 있다. 이럴 때 가운데에 약한 볼륨의 스피커를 추가한다면 소리가 (특히 객석 앞부분에 앉은 관객들에게) 매우 사실적이 될 것이다.

④ 스피커의 특성을 알고 있어야 한다. 만일 자신이 음향기기를 선택할 수 있다면 스피커 특성과 음악의 종류를 맞추어 사용할 수 있어야 한다(물론 앰프나 믹서 등도 음질에 영향을 끼치지만 결정적인 소리는 스피커에 의하여 차이가 난다. 다음으로 CD 플레이어나 카세트 데크 등 음원 소스. 그러므로 만일 장비를 구입한다면 우선 스피커, 음원 소스, 믹싱콘솔, 앰프 순으로 예산을 배정해야 한다).

⑤ 모든 기기를 항상 체크를 하여 문제가 없도록 유지한다. 기계는 민감하다. 특히 전기에 민감하다. 또한 모든 기계 중 가장 섬세하며 복잡하고 중요한 것이 바로 무선마이크이다. 특히 무선마이크는 별도의 담당이 반드시 있어야만 한다.

⑥ 음향기기 뿐 아니라 모든 전자제품에 물은 절대 금지.

⑦ 뮤지컬에서 음향이 얼마나 중요한지에 대한 자부심을 갖아라. 음향 없이 뮤지컬은 있을 수 없다.

37. 기획이여 예산을 통제하라!?

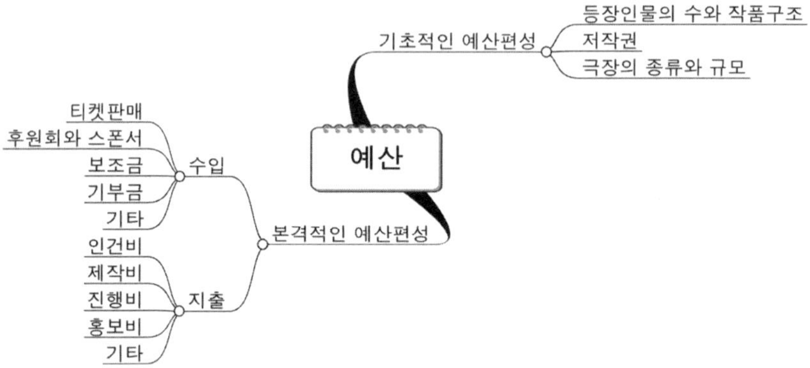

예산관리는 기획의 일이며 공연제작에서 가장 중요한 부분이다. 물론 제작 자체를 얘기할 때는 배우나 연출이 보다 중요할 수 있으나 예산이란 공연 자체의 가능성에 직접 관련되는 문제이다. 사실 아무런 무대나 조명을 하지 않으면서 공연을 제작하더라도 최소한의 경비는 들어간다. 돈이 없이 공연을 만들 수 없다. 기획이란 바로 이 돈을 관리하는 사람이다.

기획이란 제작은 아니다. 즉 돈을 직접 투자하는 것은 제작의 일이고, 그 투자된 돈을 관리하는 것이 기획의 일이다. 물론 기획과 제작이 같을 수도 있다. 그러나 어쨌든 돈에 대해 관심을 가져야 하고, 여러 가능한 루트를 통하여 예산을 확보할 생각을 하고, 가능하다면 당연히 예산을 확보해야할 것이다.

1) 예산—수입항목

티켓판매, 후원회, 스폰서, 보조금, 기부금과 같은 항목들을 수입 가능한 예산으로 생각할 수 있다. 이 중 후원회나, 학교에서는 동문회를 통한 예산 확보는 비교적 손쉽게 가능한 일일 것이며, 공연단체와 관련된 곳으로부터 스폰서를 받을 수도 있을 것이다. 또한 최근 들어 관청에서 주도하는 이런 저런 문화지원행사들이 많이 있으며 이런 행사를 실시하며 관청으로부터 보조금을 받는 것도 생각해 볼 일이다. 혹은 외부인이나 단체로부터 순수한 기부금을 받는 것도 충분히 생각할 수 있는 수입 예산 항목일 것이다.

●●● 모든 공연에서 기획은 기본적으로 "기획서"를 작성한다. 기획서란 현재 준비 중인 공연을 대외에 알릴 목적으로 6하 원칙에 따라 작품을 설명한 2~3쪽에서 수십 쪽까지 이르는 기본 홍보물이다. 보통 파워포인트로 작성을 하는 경우가 많으며, 한 눈에 쉽게 내용을 파악할 수 있도록 그림과 도표를 위주로 작성하고 말은 최소한으로 짧게 설명한다. 반드시 들어가야 하는 내용은 앞에 얘기한 6하 원칙에 따른 공연 자체에 대한 설명과 여기에 특별히 강조하고자 하는 또는 독특하거나 남들의 이목을 끌 수 있는 내용들을 추가한다. 이 기획서는 예산을 확보하기 위하여 사용될 뿐 아니라, 보다 궁극적으로는 홍보를 하기 위하여 반드시 필요하다. 기획은 모든 공연에 기획서를 반드시 준비한다(기획서와 동시에 배우들 프로필 사진이나 연습사진 등의 시각적인 자료도 필요하다).

2) 예산—지출항목

인건비(캐스트, 연출팀, 디자인팀, 제작팀, 진행팀), 제작비(무대, 조명, 음향, 소품, 의상, 분장), 진행비(극장 대관비, 식비), 홍보비(교통비, 통신비, 인쇄비, 수용비) 등이 기본 지출예산이다. 인건비는 어떤 단체에게는 가장 큰 예산일 것이고, 또 아마추어나 학교 등과 같은 단체들에게는 아예 계산하지 않는 예산일 것이다.

●●● 기획이 가장 먼저 해야 할 일은 바로 이 예산을 편성하는 일이다. 대체로 학교에서 공연할 때는 작품과 장소 등이 이미 어느 정도 결정된 상황에서 기획이 정해지므로 크게 복잡할 것은 없지만, 어쨌든 모든 일이란 그렇게 대충 아무렇게나 해서 되지는 않는다. 동아리의 일이든 아니면 예산을 외부에서 받아서 일을 하든, 돈에 관련된 일은 언제나 분명하게 마무리 지어야 하며 그것이 바로 기획의 책임이다.

당연히 전문극단이나 혹은 사회단체일지라도 예산편성은 정말 중요한 일이며 그것을 끝까지 무리 없이 집행하는 것도 매우 어려운 일이다.

3) 예산을 편성할 때 고려해야 할 항목

① 저작권 — 저작권이란 대본이나 혹은 음악 등을 사용할 수 있는 권리를 말하는 것으로, 설사 중고등학교에서 공연을 하더라도 최소한 공연에 대한 허가는 얻어야 한다. 즉 흔하게 손에 잡을 수 있는 대본이나 음악이라고 해서 함부로 막 사용해서는 안 되며 반드시 대

본의 작가나 음악의 작곡가에게 공연을 할 수 있도록 해달라는 허가를 얻어야 한다.

② 등장인물의 수와 작품의 스타일 — 등장인물이 많이 나오면 그만큼 공연이 복잡하고 또한 보다 많은 예산이 필요하게 된다. 더불어 작품의 스타일이 너무 많은 무대장치를 제작해야 한다거나 혹은 너무 많은 소품 등을 원하면 또한 많은 문제가 될 수 있다. 이런 부분을 생각해서 예산을 편성해야 한다.

③ 극장의 크기와 규모 — 학교에서의 공연은 대부분 학교 내에서 이루어지므로 선택의 여지가 없으나, 학교가 아닌 단체의 경우 극장의 크기가 크면 그만큼 제작비가 많이 들어간다는 것을 기본으로 생각하고 있어야 한다.

④ 공연기간 및 가능한 날짜 — 공연을 오래하면 그만큼 진행에 있어 예산이 더 들어갈 것이다.

38. 기획의 꽃, 홍보!

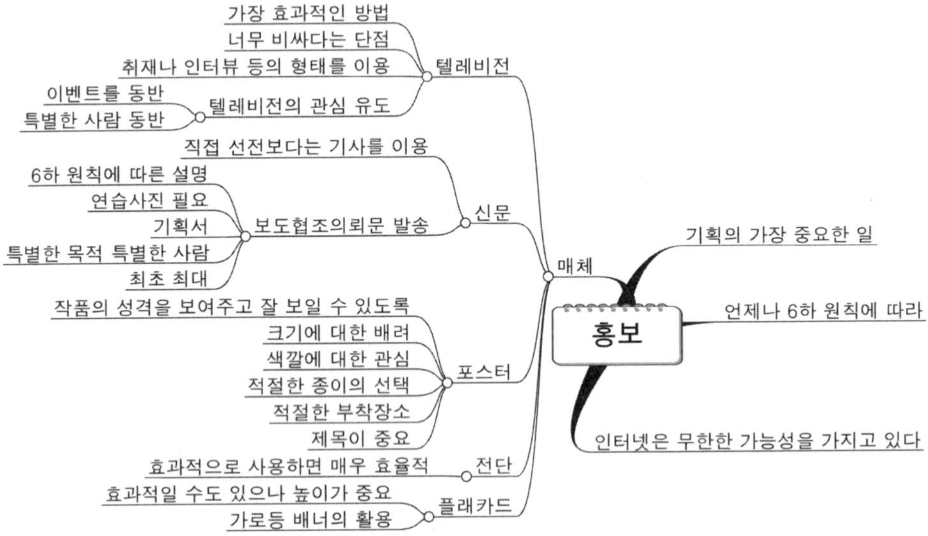

기획은 왜 존재하는가? 한 마디로 말해 보다 많은 사람을 극장에 올 수 있도록 하기 위하여! 사실 썰렁한 객석은 모든 사람들의 의지를 꺾어 놓는다. 아무도 객석이 비어 있는데 최선을 다할 수 없을 것이다. 공연이란 상호 주고받는 커뮤니케이션 양식인데 배우의 일방적인 말만 있고 관객의 메아리가 없다면 그 공연은 분명 재미없는 공연이 될 것이다. 연극에서 필수적인 2대 요소는 배우와 관객이다. 그러므로 기획은 얼마나 중요한가?

기획이 해야 하는 가장 멋진 일은 역시 홍보일 것이다. 어떤 방법으로 보다 많은 관객을 극장까지 올 수 있도록 할 것인가? 일반 프로 공연에서는 말할 것도 없고 학교에서의 공연도 이는 매우 중요한 일이다. 무조건 객석을 채우기 위하여 기획은 최선을 다하여야 한다. 기획은 다음과 같은 몇 가지의 홍보수단이 있다.

① 텔레비전 — 짧은 순간에 많은 사람들에게 광고할 수 있으나 엄청난 재정적인 부담이 요구된다. 광고뿐 아니라 취재, 인터뷰의 형식이 그러므로 매우 효과적이다. 텔레비전은 볼거리를 우선적으로 제공하므로 이벤트 사업을 동반하거나 특별한 사람을 동원하면 효과적이다.

② 신문 — 신문의 광고란이나 간접광고의 방법이 있다. 또한 신문나사 방송국에 보도협조 의뢰문을 발송한다. 이것을 보낼 때에는 6하 원칙에 따른 작품설명과 줄거리, 작가, 작품선택의 이유와 목적, 티켓 금액, 예매처, 공연사진, 초대권 등등이 포함되어야 하며, 최대한 명백하고 간단하게 구성되어야할 것이다.

③ 포스터 — 작품의 성격을 한 눈에 알 수 있고 사람들의 시선을 끌 수 있도록 제작돼야 한다. 즉 관객들에게 공연될 작품에 대한 직접적인 정보를 제공하는 것이 목표다. 포스터를 만들 때에는 포스터의 크기 색깔 종이의 종류 디자인 등을 고려해야 한다.

④ 전단 — 관련이 있는 장소에서 관심이 있는 사람들 손에 직접 들어가는 홍보물이다. 보통 크지 않은 종이를 사용하고 사람들이 많이 모이는 곳이나 관계자들이 있는 곳에서 배포한다.

⑤ 플래카드 — 일반 플래카드보다는 최근 많이 쓰이는 가로등 배너가 매우 효과적이다. 특히 눈높이에 적절하고 길거리의 분위기와 어울릴 수 있도록 디자인되어야 한다.

⑥ 인터넷 — 가장 주목해야할 홍보 수단이다. 인터넷의 특징은 시간과 장소의 초월이기 때문에 시공을 초월하여 어떤 방식으로 어떻게 홍

보할 것인지를 연구하고 생각해야 한다. 앞으로는 대부분의 홍보가 인터넷을 중심으로 진행될 것이다. 인터넷이 분명 살아날 길이다.

●●● 최근 들어 티켓의 판매는 주로 인터넷을 이용하고 있다. 특히 유명한 작품이거나 혹은 규모가 크게 진행되는 공연의 경우에는 모두 인터넷을 이용한다. 학교에서는 티켓을 판매하지 않거나 판매하더라도 개인판매에 의존할 것이다. 개인판매 또한 매우 효과적이다. 특히 인터넷을 이용한 판매는 어떤 티켓이 어떻게 나갈지 모르는 상황이니까 미리 정해놓고 판매하기가 어렵지만, 예를 들어 초반에 객석을 채우고 가겠다는 목표 하에 단체동원을 한다는 계획을 세워놓고 판매를 한다면 당연히 개인판매를 해야 할 것이다.

●●● 홍보의 한 부분으로 기획은 인쇄를 해야 한다. 우선 가장 기본적인 포스터와 티켓 그리고 팸플릿(프로그램)을 인쇄해야 한다. 그리고 추가로 필요하다면 전단이나 광고를 위한 작은 홍보물 등도 인쇄할 수 있다.

포스터는 우선 단순하고 명백하게 디자인 되어야 한다. 특히 중요한 내용을 한 눈에 볼 수 있도록 해야 하는데, 예를 들어 제목이 중요할 것이지만, 만일 유명 배우가 등장한다면 그의 이름을 더 앞세워 홍보를 해야 한다. 물론 시간과 장소 그리고 연락처 등도 표기되어야 할 것이다.

팸플릿(프로그램)은 관객들에게 공연에 관한 정보를 알려 주는 것으로 관객들에게는 하나의 기념이나 추억이 될 수 있도록 제작하는 것이 좋다. 물론 그 내용은 6하 원칙에 따르면 될 것이며, 거기에 추가로 초대의 글이나 단체소개 그리고 광고가 들어갈 수 있다.

39. 공연에 맛을 더하는 효과, 어떤 것이 있나?

효과란 무엇인가? 그것은 공연의 거친 부분을 말끔하게 다듬어 세련되게 만들어 주는 공연 최후의 요소이다.

연극에서 사용되는 효과는 크게 시각효과와 청각효과가 있다.

우선 청각효과는 매우 많이 사용된다. 아마도 청각효과가 없는 연극은 없을 것이다. 기본적으로 말 달리는 소리, 자동차 소리, 기차 소리 등 효과로서의 음향도 있지만, 분위기를 창조하고 유지하기 위한 백그라운드 뮤직으로서의 음향도 있다. 어쨌든 원하는 소리가 무엇이든 현재 인터넷을 통하여 대부분 확보할 수 있다. 사실 없어서가 아니라 너무 많아서 그 많은 소리 중 어떤 것을 선택해야 하는가가 문제일 정도로 청각효과는 차고 넘친다. 청각효과는 인터넷에서 찾아라! 그러나 때로 찾은 음향을 편집해야 할 필요가 생긴다. 길게 만들거나 혹은 음량을 조절하거나 혹은 다른 소리들과 섞을 필요가 생긴다. 이때는 골드웨이브Goldwave나 쿨에디트Cool Edit라는 프로그램을 사용해서 원하는 목적을 달성할 수 있다(쿨에디트가 조금 더 강력하다).

시각효과는 조명과 연관된 부분이며 청각효과처럼 기본적인 소스들을 찾기가 쉽지 않다.

첫 번째 단순한 문양은 엘립소이달 스포트 조명기와 고보로 처리한다. 숲의 그림자, 나무 그림자, 창문 틀 등 주로 그림자로 만들어 지는 부분은 대부분 고보로 만들 수 있다(지금은 엘립소이달보다는 무빙을 사용하는 추세이다).

다음으로 여러 개의 조명기를 조합하여 시각효과를 낼 수 있다. 예를 들어 기본적으로 포그를 깔아 놓은 상태에서 대파와 소파처럼 강한 빛을 이용하거나 혹은 스트로브처럼 섬광조명을 이용할 수 있고 또한 레이저 조명이나 미러볼 등을 이용할 수 있다. 기타 무지갯빛의 조명이나 혹은 기타 특수한 목적으로 만들어진 특수 조명기들을 이용하여 시각효과를 만들 수 있다.

다음으로 빔프로젝터나 슬라이드를 이용하여 직접 그림을 투사할 수 있다. 그러나 이것은 매우 번거롭고 특히 조명이 강하면 의미가 없어지며 투사를 위한 공간도 있어야 하는 등 매우 사용이 불편하다. 그럼에도 불구하고 흔히 사용되지는 않지만 가끔씩 활용되는 경우도 있다.

최근 들어 앞에서 잠깐 언급한 '파니, 피지, 스타크'라는 초대형 프로젝터들이 무대에서 사용되기 시작하고 있다. 이 프로젝터들은 워낙 크고 강하기 때문에 어느 정도의 조명에는 별 무리 없이 사용할 수 있다. 특히 초대형 쇼 무대나 무용에서는 흔하게 사용되고 있으며 이 프로젝터를 잘 활용할 수 있게 되면 아마도 무대디자인 자체가 필요 없을 정도로 까지 사용될 수도 있을 것으로 보인다.

40. 공연준비를 위한 체크리스트에는 어떤 내용이?

체크리스트는 사실 매 작업에 들어가기 이전에 만들어져야 한다. 당연히 그 작업을 주도하는 사람에 의해 만들어질 것이다. 예를 들면 무대를 만들기 전에 필요한 재료와 공구 등의 체크가 필요하고, 공연을 다른 곳에서 하기 위하여 이동해야 한다면 이동하기 이전에 각 파트별 장비를 정확하게 챙겼는가의 체크가 필요하며, 셋업을 하기 전 셋업에 필요한 모든 것들이 준비되었는가에 대한 체크, 그리고 마지막으로 공연을 하기 전 공연을 진행하기에 충분한 준비가 되어 있는가에 대한 체크가 필요하다.

이런 모든 항목들을 체크리스트로 만들어 각 항목에서 필요한 체크를 하면서 문제가 생기지 않도록 해야 한다. 사실 이 작업은 전문극단의 경우에는 무대감독이 지휘하고 체크할 일이지만 학교에서는 그런 구분이 명백하지 않으므로 연출이나 혹은 팀 대표 주도 하에 체크를 하여야 할 것이다.

다음은 공연 당일 기계 체크를 끝낸 이후 공연 직전 체크리스트 샘플이다.

① 소품테이블은 제자리에 놓여 있으며 배우들이 위치를 아는가?
② 탑 조명을 받는 배우들이 위치를 알고 있으며 그 자리에 마킹이 되어 있는가?
③ 무대 뒤로 이동이 가능하도록 형광테이프가 부착되어 있는가?
④ 배우들의 등퇴장이 제대로 가려지는가?

⑤ 무대 바닥 등 필요한 곳에 형광테이프가 부착되어 있는가?

⑥ 음향 볼륨에 대한 체크는 끝이 났는가?

⑦ 조명 큐에 대하여 모두 알고 있는가?

⑧ 스태프들이 서로 통신이 가능한가?

⑨ 무대 조명 의상 소품 등 크루는 할 일을 정확하게 알고 있으며 위치에 있는가?

⑩ 사진과 동영상 등 공연을 기록할 준비는 되어 있는가?

41. 공연, 스탠바이! 큐!

지루하고 긴 연습과정이 끝나면 이제 남은 일은 공연을 하는 것이다. 결국 연극을 만드는 목적이 최종적으로는 성공적인 공연과 그 공연을 통하여 주제를 전달하고자 하는 목표의 달성에 있는 만큼, 공연이란 실질적으로 가장 중요한 일일 것이다.

공연이 가까워오면 모든 스태프들이 매우 분주해진다. 해야 할 일도 많고 정리하고 수정할 일도 많아진다. 극단에서는 이 모든 일들이 무대감독의 지휘 하에 효과적으로 진행될 수 있지만 학교나 일반 단체에서는 적어도 아직은 그렇지 않다.

공연은 무대감독을 중심으로 진행된다. 나머지는 모두 관객이 되어 무대 밖으로 나갈 것이고 무대에는 오직 배우들만이 존재할 뿐이다. 그러나 무대 뒤에는 무대감독과 크루crew들이 함께 존재한다. 그리고 조금 멀리 조정실에 그들의 움직임과 손발을 맞추는 오퍼레이터operator들이 있을 것이다.

크루는 크게 소품 의상 무대 조명 크루 정도로 구분할 수 있다. 이들이 무대 뒤에서 소품을 정리하거나 치우고, 의상을 정리하거나 갈아입는 것을 도와주고, 필요에 따라 무대를 바꾸고 그리고 필요에 따라 극장 뒤 높은 곳에서는 팔로우 스포트라이트 담당이 조명기를 잡고 배우를 따라가기도 한다. 이처럼 공연이 진행되는 순간에도 무대 뒤는 바쁘다. 배우들만이 거기에 있는 것이 아니라 많은 크루들이 무대에 함께 있으며 무대감독은 계속해서 그들 모두를 정리하느라 바쁘다.

무대감독이 바쁜 또 하나의 이유는 조정실에 주어야 하는 "큐cue" 때문이다. 보통 조명과 음향을 조절하는 조정실은 무대와 멀리 떨어져 있으므로 특히 암전 후 다시 조명이 켜져야 할 때 정확한 시간에 조명과 음향을 맞추는 것이 쉽지 않다. 이때 조명 큐를 주어야 하는 것도 무대감독이다. 물론 큐에는 조명만 있는 것이 아니며 조명도 한 두 개의 큐만 있는 것이 아니다. 특히 뮤지컬의 경우 수백 개의 조명 변화 큐가 있으며 그 모든 것을 체크하고 인도해야 하는 것이 무대감독의 일이다. 물론 음향도 마찬가지이다.

이처럼 공연은 무대감독이 진행한다. 그러나 학교에서는 이것이 쉽지 않다. 그래서 보통 선생님이나 연출이 담당하기도 한다. 차츰 이 무대감독의 역할을 이해하고 무대감독도 전문인으로 양성하고 정상적인 직업으로 인정받을 수 있도록 해 나가야 할 것이다.

42. 평가는 왜 그리고 어떻게 하는가?

모든 일이 다 마찬가지인 것처럼 어떤 행사를 치렀을 때는 그것에 대한 평가를 실행하는 것이 정상이다. 평가를 통하여 행사에서 성공적이었던 부분과 그렇지 못한 부분을 구별하여 보다 업그레이드된 행사로 재생산할 수 있기 때문이다. 어떤 단체에서 어떤 목적으로 공연을 하든 사후평가는 반드시 필요하다.

평가는 행사의 시작부터 끝까지의 모든 부분에 대하여 실시한다.

① 공연 전 준비단계에 대한 평가

㉠ 연습은 시간 낭비 없이 제대로 진행되었나?

㉡ 연출의 역할은 적절했나?

㉢ 배우들의 시간관념이 정확했나?

㉣ 배우들의 연습에 대한 열정이 충분했나?

㉤ 기획 무대 조명 의상 소품 등 스태프들의 작업은 정해진 시간대로 행해졌나?

㉥ 작품선택은 적절했나?

㉦ 공연일자와 장소 선택에 무리는 없었나?

㉧ 기타 문제와 해결책은?

② 공연 진행과정에 대한 평가

㉠ 배우들은 정해진 타이밍을 정확하게 지켰나?

ⓛ 무대장치의 변화는 제대로 이루어졌나?

ⓒ 조명의 인 아웃 큐는 정확하게 지켜졌나?

ⓡ 음향의 볼륨과 큐는 정확했나?

ⓜ 크루와 오퍼레이터들은 장치 등 조작에 문제가 없었나?

ⓑ 기타 문제와 해결책은?

③ 공연 마무리에 대한 평가

㉠ 공연이 끝난 후 스트라이크는 정해진 시간에 예정대로 행해졌나?

ⓛ 무대와 조명은 공연 이전 상태로 복구 되었나?

ⓒ 음향에 사용된 CD와 대본 등 오퍼레이터 소품이 제대로 회수되었나?

ⓡ 사진과 비디오 등 공연 기록은 정상적으로 진행되었고 테이프를 회수하였나?

ⓜ 전체 캐스트와 배우들의 공연 만족도는 높은가?

ⓑ (극장을 떠나는 관객들의 표정이나 평가를 통한) 관객 만족도에 대한 기초 모니터링이 되었는가?

ⓢ 공연이 원하는 퀄리티에 도달하였는가?

ⓞ 기타 문제와 해결책은?

제3부

창작 뮤지컬 〈첫째 사랑할 것!〉

| **창작 뮤지컬 〈첫째 사랑할 것!〉 대본** |

작 / 김균형

작곡 / 이현섭

등장인물

해설 : 전체적인 극의 내용을 이끌고 있는 인물

첫째 : 선생님인 첫 번째 딸

둘째 : 디자이너인 두 번째 딸

셋째 : 졸업반인 세 번째 딸

막내 : 신입생 철부지

애인 : 셋째의 애인

경찰 : 경찰

1인 다역 : 상사, 복덕방, 흥신소, 철가방

무대

어느 아파트를 중심으로 다양한 공간

만일 이 대본을 공연하기 원하신다면 연락주시기 바랍니다.
필요하시다면 음악과 공연 동영상을 제공해 드리겠습니다.

#1 가족

암전에서 조명 푸르게 깔리고 배우들은 인형이 되어 움직인다. 배우들이 보여주는 것은 오페라 〈투란도트〉의 한 장면. 해설이 설명하고 그 설명에 따라 배우들 움직인다.

해설 : 먼 옛날, 한 아름다운 공주님이 있었습니다. 수많은 왕자들이 그녀에게 청혼을 했지만 결과는 좋지 않았습니다. 왜냐하면 이 공주는 자신이 내는 세 가지 수수께끼를 풀어야 자신을 소유할 수 있으며 그렇지 않으면 죽임을 당할 것이라고 했기 때문입니다. 결국 많은 왕자들이 수수께끼를 풀지 못하고 죽고 말았습니다. 그러던 어느 날 한 용감한 왕자가 징을 울립니다. (징소리 세 번) 모두가 말립니다. 삶은 하나라고. 그러나 왕자는 용감하게 도전합니다. 공주가 수수께끼를 내고 왕자는 그것을 모두 풉니다. 드디어 왕자가 승리한 것입니다. 그러나 공주는 마음을 열지 않습니다. 마음이 없는 몸뚱아리는 허망한 것. 이제 왕자가 공주의 마음을 돌리기 위하여 공주에게 수수께끼를 냅니다. "내일 동틀 때까지 나의 이름을 알 수 있다면 기꺼이 나도 당신 손에 죽임을 당하겠소." 이제 궁에서는 누구도 잠을 잘 수 없습니다. 왕자의 이름을 알아내기 전까지는 누구도 잠들 수 없다는 명령이 내려졌기 때문입니다. 드디어 군사들이 왕자의 시녀를 찾았습니다. 그런데 이 시녀는 왕자를 사랑합니다. 이미 오

래 전부터 오로지 왕자만을 사랑하며 살고 있습니다. 군사들이 고문합니다. 왕자의 이름을 말하라고. 고문으로 일그러지는 얼굴. 끔찍한 고통을 참으면서도 그녀는 왕자의 이름을 말하지 않습니다. 공주는 묻습니다. 도대체 어디에서 왕자를 배반하지 않으려는 그 용기가 나오느냐고? 그녀는 대답합니다. 그것은 "사랑." 그리고 병사의 단검을 나꿔 채 스스로 자결합니다. 시체가 들려져 나가고 왕자와 공주 둘만이 남습니다. 왕자는 공주에게 달려가 인간이 되라고 외치며 얼굴의 베일을 벗기고 그리고 열정적으로 키스를 합니다. 그리고 자신의 이름을 스스로 밝힙니다. 즉 죽음의 길을 선택한 것입니다.

〈노래 1〉 그의 이름은 사랑 / 해설

다음 날 최후의 심판을 알리는 트럼펫 소리
공주는 왕자의 이름을 알아냈다 말하고
긴장의 순간. 긴장의 순간.
이름이 밝혀지면 죽어야 할 왕자
공주는 왕자를 똑바로 쳐다보며 크게 외칩니다.
그의 이름은 사랑. 그의 이름은 사랑. 그의 이름은 사랑이라고
그의 이름은 사랑이라고.

노래 끝. 인형 역할을 하던 배우들 퇴장하고 해설은 인사하며 앞으로 나선다.

해설 : 이상이 오늘 여러분이 보시게 될 이 연극의 대체적인 줄거리와 전혀 상관이 없는 오페라 투란도트의 내용입니다. 참 사랑은 위대하지 않습니까? 저 시녀처럼 사랑하는 사람을 위해 기꺼이 죽음도 선택할 수 있고 또 공주의 그 차가운 마음도 녹일 수 있으니 말입니다. 오늘 우리가 준비한 얘기도 사랑 얘기입니다. 여기 한 여자가 있습니다. 그리고 여기에 그녀를 사랑하는 한 남자가 있습니다. 어느 날 그 남자는 어두운 골목에서 그 여자를 기다립니다. (조명 어둡게 변화된다.) 그의 손에는 무언가 커다란 것이 들려 있습니다. 매우 무거워 보이는 어떤 것입니다. 그의 손에 힘이 들어갑니다. 우리의 사랑이야기는 바로 이렇게 시작하지 않습니다. (가볍게 웃고) 자, 이제부터 우리의 사랑 이야기를 보시도록 하

겠습니다.

음악 흐르는 가운데 첫 째는 케이크와 사진을 들고 나와 상을 차린다.

첫째 : (케익을 가지고 나오며) 얘들아! 빨리 나와! 준비 다 됐어! 빨리 케익 자르고 출근 해야지.

둘째 : 알았어. (나오며) 아휴 내 생일을 이렇게 챙겨봐라~

첫째 : 아빠 엄마랑 너랑 같니!

셋째 : (나오며) 야, 역시 언니밖에 없다니까. 언제 이렇게 다 준비 했어?

둘째 : 막내야, 너도 빨리 나와.

막내 : 알았어. 나갈게. (부스스한 얼굴의 막내 나온다.)

둘째 : (셋째에게) 오늘 우리 점심이나 같이 먹을까?

셋째 : 난 점심에 약속 있는데.

둘째 : 누구랑?

셋째 : 남자.

둘째 : 뭐라고? 넌 배울 만큼 배웠으면서 왜 시집부터 갈 생각을 해?

셋째 : 언니는? 내가 뭘 시집부터 생각했다고 그래?

둘째 : 아니면 이 취업 전쟁에 남자는 무슨 남자니? 그러다가 남자한테 코 끼면 인생 황이야 황이라고!

셋째 : 아유~~~ 제발 그만하세요. 나도 애쓰고 있다고요.

첫째 : 자자 여러분. 노래 시작

〈노래 2〉 생일 축하 / 전체

생일 축하합니다. 생일 축하합니다.

사랑하는 부모님의 생일 축하합니다.

생일 축하합니다. 당신의 생일을 세상에 태어나 새롭게 출발하는 당신

그대의 앞날에 행복이 언제나 함께 하길 생일 축하합니다.

노래 끝난 후 정리하고 바쁘게 마무리하며 출근. 동시에 사람들 무대에 등장해 지하철.

모두 시작해봐요. 새로운 하루를

언제나 새롭게 떠오를 태양 가슴에 안고

시원한 안개를 헤치며 우린 뛰어 갑니다.

밝아온 태양처럼 환히 웃어요.

또 다른 하루를 아침을 기대해.

안무 후 모두 퇴장

해설 : 출근 시간은 언제나 정신이 없습니다. 이곳은 부모님이 돌아가신 가운데 화목하게 살고 있는 저 네 형제의 집입니다. 오늘이 돌아가신 어머니의 생신인가 보군요. 효녀 효자 아닙니까? 생신을 기억하고 챙겨 드리는 것. 그런데 재미도 있지 않습니까? 돌아가신 부모님의 생신을 케익으로 챙겨드리는 것. 참 신세대다운 발상이죠? 어쨌든 우리가 준비한 얘기는 이 집에서 벌어집니다. (분위기를 바꾸며 준비된 빨랫감들을 바닥에 마구 흩트리며) 이제 본격적으로 얘기를 진행하도록 하겠습니다.

조명 바뀌고

해설 : 시간이 흘러 어느덧 퇴근 시간입니다. (음향실을 향해) 음향! (음악 시작되고) 역시 선생님인 첫째가 모범생으로 가장 먼저 집에 돌아오는군요.

첫째 : (밖에서) 누구 있니? 없지? (들어오며) 아유 집안 꼴이 이게 뭐야?

〈노래 3〉 퍼스트 레이디 / 첫째

여기에 양말 한 쪽 누구 것인가. 막내!
이건 또 뭐야? 누가 코 풀고 휴질 그냥 버렸어. 또 막내!
그냥 버리고 치우지 않는 나의 철없는 동생들
언제까지나 너희들을 위해서

가끔은 힘들지 하지만 난 퍼스트레이디
힘들어도 언제나 동생들을 생각하는 난 퍼스트레이디 레이디

청소를 마치고 뿌듯하게 바라보며

첫째 : 아 깨끗하다. 막내 방은 또 엉망이겠지? (막내 방으로 들어간다.) 아휴 냄새. 일이 끊이질 않아. 자기가 잔 이부자리 정도는 스스로 정리 해야지. 이 녀석 확 군대나 보내 버릴까? 악! 이거 뭐야? 세계 지도? 이 녀석, 넌 아주 죽었어. 전화 어딨어!

전화를 하러 뛰어 나오는데 둘째 뛰어 들어오며 노래.

〈노래 4〉 나를 말리지마 / 둘째

날 말리지마 나는 지금 흥분돼 있어.
날 말리지마 나도 내가 어쩔지 몰라.
나를 말리지마 제발 나를 말리지 말라구.
안돼 안돼 아무 말도 하지마.
안돼 안돼 아무 것도 묻지마.
정말 화 화 화가나 진짜 화 화 화가나
안돼 안돼 안돼 진정이 안돼.
벗어나고 싶어. 뛰쳐 가고 싶어. 돌아버리겠다.
아~ 내 사업 아~ 내 부띠끄

노래 끝나고

상사 : (등장하며) 신은지 씨, 잠깐 나 좀 볼까?

둘째 : 예. 실장님.

상사 : 이번에 신은지 씨가 우리 회사 신제품 홍보 좀 해야겠어.

둘째 : 그래요? 국제적인 마케팅이겠죠 물론?

상사 : 그렇지. 우리도 세계 최고의 일류 브랜드가 되어야겠지.

둘째 : 좋습니다. 기꺼이 저도 그 국제화 대열에 앞장서겠습니다. 감사합니다. 저에게 이런 기회를 주셔서.

상사 : 그래. 그러면 오늘은 일찍 퇴근해야지. 내일 일찍 나가야 할 테니까.

둘째 : 알겠습니다. 우리 회사의 상품을 세계에 충실하게 알리고 돌아오겠습니다.

상사 : 뭐라구? 세계에 충실하게 알린다구?

둘째 : 네. 저를 믿고 일을 맡겨주셔서 정말 감사합니다.

상사 : 아니 아니 지금 뭔가 착각하고 있는 것 같은데, 아직 신은지 씨는 그런 일 하기에는 조금 일러.

둘째 : 네? 무슨 말씀이신지?

상사 : 그러니까 세계는 나에게 맡기고 신은지 씨는 국내를 맡아줘.

둘째 : 네?

상사 : 내일 아침 일찍 대구에 내려가서 국내 홍보를 담당하고, 오후에 일찍 올라와서 보고하라 이런 말이야. 내일 늦으면 안 돼. (퇴장하며) 자 그럼 이제 얼른 들어가서 내일 출장 준비

하라구.

조명 바뀌고

첫째 : 출장준비는 어떻게 해야 하나? 속옷 챙기고 여권 필요하나? 아~ 대구랬지.

둘째 : 언니~! 나도 직장 옮기든가 아니면 내 부띠끄를 내든가 해야겠어.

셋째 : (들어서면서) 언니, 나 왔어. 어 작은 언니도 들어왔네. 이렇게 일찍 웬일이야?

첫째 : 작은 언니는 국제적인 회사 만드느라 내일 바쁘단다.

셋째 : 국제적인 회사? 그럼 외국으로 출장간단 말이야? 어디?

둘째 : 태구.

셋째 : 뭐 태구? 그게 뭐야? (잠시 생각하고) 아~~~ 경상도 대구? 국제적이라며?

둘째 : 국제는 실장이 맡고 나는 대구를 맡으란다.

셋째 : 난 또. 그나저나 언니는 좋겠다. 출장도 다니고.

둘째 : 뭐라고?

쫓고 쫓기며 말리며 장소 바뀌어 취업 박람회장. 두 명의 여자와 면접관 3명이 이미 면접 대기 중이다.

셋째 : 늦어서 죄송합니다. (자기 자리에 앉는다.)

심사관1 : 자, 자기 소개를 한번 해 보시겠습니까?

심사녀1 : 저는 그러니까 저기요 제 이름은 그러니까 저기

심사관2 : 아, 그래요?

심사관3 : 불문과 출신이예요? 잘 됐네요. 그렇지 않아도 지금 우리 회사에서 프랑스 파리지사에서 일할 신입직원을 찾고 있거든요. 자 간단하게 불어로 우리 의사소통을 해 볼까요? 앙샹떼 마드모아젤

셋째 : 신은미입니다.

심사관1 : 자 다음 문장을 한번 불어로 해 볼까요?

심사녀2 : 앙샹떼 즈 쉬 하비 드 부 부와

심사관2 : 트레비앙

셋째 : 재 트라바이에 아 류니베르씨떼 드 오남 에 에 거시기

심사관3 : 꼬멍?

심사관1 : 꽈?

심사녀1 : 동크 씨 즈 빠스 세떼그자망 즈 프래 뚜 몽 뽀씨블

심사관2 : 오케이. 끼에 보트르 오뙤 프레페레?

셋째 : 에 에 즈 느 꽁프랑 빠

심사관3 : 부느 꽁프르네 빠?

심사녀2 : 씨씨. 쟁떼레스 보꾸 아 앙드레 지드. 잭스플로레 뗄멍 쉬흐뤼.

심사관1 : 봉 윈 데흐니에 퀘스치옹.

심사관2 : 앙트르 옴 에 팜므 끼바 트라바이에 미외

심사관3 : 에 껠에 라 우 레 해종?

셋째 :	에 그러니까 그게 저기 죄송합니다. 나중에 다시 오겠습니다. (도망치듯 옆으로 빠지고. 아래 노래하는 사이 둘째는 퇴장.)

〈노래 5〉 지나고 나면 / 셋째

지나고 나면 알 수 있을까 인생의 참된 의미를
사람들은 내게 말을 하지 취업은 험한 전쟁이라고
지나고 나면 후회하겠지 초라한 나의 모습을
나는 지금 무얼 하고 있나 내가 기다리는 건 무얼까
조금 더 열심히 했더라면 조금 더 충실히 살았다면
이렇게 힘들지는 않았겠지
나태함과 게으름의 덫을 뿌리치지 못한 어리석은 나
조금 더 세상을 알았다면 조금 더 빨리 깨달았다면
이렇게 후회하진 않았겠지
사람들은 항상 말을 하지 지나면 후회하는 거라고
이제는 되돌릴 수 없다고

셋째 :	하루 하루가 정말 지옥 같아.

첫째 :	걱정하지마. 곧 취직이 되겠지. 자 들어가자.

셋째 :	그래. 아 괴로운 대한민국의 졸업반이여.

첫째와 셋째 들어가고

해설 :	맞습니다. 그래서 삶은 치열하게 열심히 살아야 하는가 봅

니다. 그래야 아쉬움이 없는 겁니다. 우리 살아가는 한 순간 순간 정말 최선을 다해 살아야 할 것 같습니다. 누구나 시간을 보내고 나면 아쉬워합니다. 아쉽지 않으려면 단 한 가지 현재에 충실하자. 주어진 매 순간 최선을 다 합시다! 자, 시간이 좀 더 흘러 지금은 밤입니다.

음악과 함께 조명 바뀌며 흥겨운 저녁 한 순간. 셋이 텔레비전을 보며 행복한 한 때를 보낸다. 재미있는 프로그램 한 장면. 텔레비전이 끝나고.

애인 : (갑자기 들어오며) 안녕들 하세요? 문이 열려 있네요.

모두 : 악!

셋째 : (깜짝 놀라 뛰어 가서) 아니 웬일이에요? 이런 시간에?

애인 : 죄송합니다. 이렇게 불쑥 찾아 들어서. 실례인줄 알지만. 하여간 반갑습니다. (악수를 청하나 모두 피한다.)

셋째 : (자기도 당황해 괜히 오버하며) 자 이 셋째의 남자친구 임호준씨를 소개합니다. 우리와 같은 박수를……

모두 : (시큰둥하여) 짝짝짝

애인 : 네. 반갑습니다. 이렇게 환영해 주시다니. 언니들이 진짜 미인들이십니다.

첫째 : 그렇게 서 계시지 말고 저리 앉으시죠.

애인 : 감사합니다. 첫째 언니, 둘째 언니, 맞으시죠? 그리고 막내 남동생이 있다고 들었는데……

둘째 : 개는 원래 이런 시간에 귀가하지 않아요. (셋째에게) 아주 잘

어울리는 한 쌍의 고목나무와 매미다 야!

애인 : (셋째의 손을 잡고 한 쪽으로 이끌며) 아 이거 가족들 다 있는 자리에서 말하려고 했는데. 애석하지만 그래도 할 건 해야지.

셋째 : 호준 씨! 왜 그러는 거예요? 무슨 말을 한다는 거예요?

애인 : 서울 타워에서 우린 사랑을 얘기했죠. 빙글 빙글 돌아가는 서울타워에서 우린 내일을 얘기했죠. 서울타워가 무너지지 않는 이상 서울타워가 도는 것을 멈추지 않는 이상 우리 서로 영원히 사랑하자고.

〈노래 6〉 그대 없이는 / 셋째, 애인

어둔 밤하늘에 수많은 별들이 우릴 바라보고 있었죠.

이제 알아요. 선명한 느낌들 속에 나의 마음은

이미 그대에게 가고 있는 걸

너를 처음 본 날 나는 알게 됐어. 사랑이 시작된 거라고

이젠 느껴요 하늘이 맺어준 인연 언제까지나 영원할거라고

이제는 얘기할게요. 운명의 끈을 놓지 않겠다고

모든 걸 이해할게요. 서로 믿으며 진정한 사랑을 하겠다고

너무 힘들어도 아무리 지쳐도 그대 없이는 살아 갈 수 없어.

그대만 바라보며 산다면 나에겐 더 큰 행복은 없을 거야.

내 생이 끝나도 다시 태어나도 그대 없이는 살아 갈수 없어.

언제나 그대를 바라 볼 수 있다면 소중한 사랑 지켜줄게요. 영원히

애인 : 우리 결혼 합시다.

셋째 : 예? 결혼이요? 글쎄요. 전 아직 더 시간을 두고 생각해 봐야 될 것 같아요.

애인 : 언니들이 있어서 그럽니까?

셋째 : 언니들은 모두 독신주의자예요.

둘째 : 그래. 이 몸은 결혼을 싫어한단다.

애인 : 그럼 문제가 뭡니까? 서로 사랑하는 사람끼리 결혼해서 행복한 가정 꾸미고 살면 얼마나 좋겠습니까?

셋째 : 글쎄요. 전 아직 확실하게 마음의 준비도 안 돼있고……

애인 : (강하게 끌어안으며) 사랑합니다! 사랑하고 결혼하고 가정을 꾸리는 일이 그 어떤 일보다도 무한한 가능성이 있는 일이라고 생각합니다.

둘째 : (뒤에서 말 끊고 끼어들며) 글쎄 사람은 누구나 다 다르죠. 인

생의 목표가 그쪽처럼 결혼과 아이인 사람도 있고 또 나처럼 일인 사람도 있을거구. 그러니까 우리 서로 강요는 하지 맙시다.

애인 : 죄송합니다. 강요하려는 건 아니었구. 저는 단지…… 미안해요. (울면서 나가버린다.)

둘째 : (따라하며) 미안해요 흑흑흑. 끝이야? 다시 돌아오겠지?

셋째 : 언니!!

둘째 : 미안해요~~~. (첫째와 둘째 열심히 웃고 셋째 화가 나 방으로 들어간다.)

해설 : (같이 웃으며) 하루가 끝나가는군요. 정말 재미있는 가족입니다. 그리고 그 하마 같은 애인. (흉내를 내며) 죄송합니다. 아, 이러면 안 되죠. 하여간 선생님인 첫째나 디자이너인 둘째 그리고 이제 졸업반인 셋째. 불어 공부를 조금 더 열심히 했더라면 아마 오늘처럼 아쉬워하지는 않았을텐데 말입니다. (관객에게) 부 꽁프르네? 논? 히앙 뒤 뚜? (가볍게 웃으며) 정말 아쉬운 일이죠? 하지만 어떻게 하겠습니까? 이미 지나간 일인데. 자 이제 가족 모두를 아시게 되었는데. 그러고 보니까 하나가 안 보이는군요. 우리의 주인공! 막내. 막내가 아직도 안 들어 왔군요. 밤이 늦었으니까 이제 들어올 시간이 됐겠죠? (시끄럽게 문 두드리는 소리) 네, 보십시오. 말하자마자 바로 들어오는군요.

우당탕 소리와 함께 막내 들어온다. 앞에서 흥분하는 사이 누나들 모두 나온다.

막내: 아, 나의 사랑하는 어머니. 아니 큰 누나. 둘째 누나, 그리고 셋째 누나. 나 한잔했어. 조국과 인생을 논하며 친구들이랑 한잔했어. 이 나라는 지금 어디로 가고 있느냐? 이렇게 가다간 이 나라의 앞날은 어디로 갈 것이냐? 우리 모두 조국과 민족의 미래를 위하여 일어서야 하느냐? 젊은 대한의 대학생들이여 모두 일어나야 하느냐? 국회의원들은 도대체 왜 개새끼들만 모여 있냐? 그 놈들이 일을 제대로 할 수 있느냐? 그 놈들에게 과연 우리의 미래를 맡길 수 있느냐? 이렇게 가서는 안 되는 것 아니냐? 나도 국회로 가겠다. 이런 얘기를 하며 한잔씩들 했지. 나의 사랑하는 누나들. 반가워. 나를 국회로 보내줘. 나를 국회로 보내달라고. 내가 레미콘차 가지고 국회에 가서 국회의원들 모조리 묻어 버릴 테니까. (오바이트…)

모두들 막내를 이끌고 들어간다. 잠시 동안 난장판. 잠시 후 첫째 다시 나와 지난날을 생각하며 노래. 한쪽 옆에서는 여행가다가 사고 나고 부모님이 떠나는 모습을 보여 준다.

〈노래 7〉 이건 꿈일거야 / 첫째

온 세상이 새하얗게 흰 눈이 내리던 아득한 그 날
하늘은 새까맣게 어둡게 흐려졌지.

아무 것도 보이지 않고 세상은 잠든 듯 너무 고요해.

우리는 떠났지 행복한 여행을

아직도 믿을 수 없어 어리던 나와 동생들

우릴 남기고 멀리로 떠나신 부모님

지금도 생각나 그 날의 기억 지워지지 않아.

우릴 남기고 떠나신 하얀 그날

아버지 어머니 그리워져 먼저 떠나며 남기신 말 그 말들 기억해.

사랑해 이해해 싸우지마 이 말 모두 다 기억해라.

행복하게 살아야 해.

걱정 말고 편안하게 쉬십시오. 저만 믿으세요.

행복하게 살게요.

첫째 : 엄마 아빠. 걱정 마세요. 엄마 아빠가 남기신 유산, 첫째 사랑할 것, 둘째 싸우지 말 것, 셋째 이해할 것, 넷째 첫째 둘째 셋째 말을 잘 들을 것. 잊지 않을게요. 행복하게 살게요. 편히 쉬세요.

암전

#2 휴일 하루

노래 8 휴일 하루. (전체를 음악과 춤과 행동으로)

첫째 : 아, 아침이다. 아참 오늘은 일요일이지. 얼른 애들 깨워야겠다. 애들아 일어나자! 아침이다. 휴일에 대청소하기로 했잖아. 얼른 일어나야지. 애들아.

나머지 : 투덜 투덜

첫째 : 얼른 안 일어나? 일요일만이라도 집을 깨끗하게 청소해야 할 것 아니야. 너희들 자꾸 이러면 오늘 하루 종일 밥 없다. 알았어?

나머지 : (투덜 투덜거리며 나온다.)

첫째 : 자 번호

둘째 : 하나

셋째 : 두울

막내 : (서서 잔다.)

첫째 : 이 자식들이. 다시!

둘째 : (악쓰며) 하나

셋째 : 둘

막내 : 셋, 번호 끝.

첫째 : 좋다. 반동은 테크노 반동.

나머지 : 반동은 테크노 반동

첫째 : 반동 시작. 하나 둘 셋 넷

테크노 반주

첫째 : 반동 간에 노래한다. 노래는 청소가.

나머지 : 노래는 청소가

첫째 : 하나 둘 셋 넷 노래 시작.

〈노래〉 청소가 / 모두

일요일은 청소의 날 우리들의 보금자리 무엇보다 소중하고 언제나 행복을 주는 우리 집.

일요일은 청소의 날 우리들의 보금자리 평소처럼 쾌적하게 그리고 깨끗하게 맑게 자신있게!

첫째 : 난 집안 먼지. 둘째 넌 쓸어. 자 빗자루

둘째 : ……

첫째 : 셋째 부엌

셋째 : ……

첫째 : …… 막내 니 방

막내 : 알았어.

청소 안무(난타)

〈노래〉 그래도 남자라고 있는게 / 모두

그래도 남자라고 있는 게 (내가 뭘)

힘들일 궂은일 다하는구나. (난 여자야 연약한 여자야)

그래도 사내라고 있는 게 (하기 싫어)

집안을 든든하게 하는구나.

나보다 힘들도 더 좋으면서 (빨리 해)

애인등장

애인 : 안녕들 하세요?

셋째 : 호준 씨?

애인 : 무슨 날인가요?

셋째 : 대청소날.

애인 : 전 바빠서 이만.

첫째 : 대청소날 어떻게 아시고?

둘째 : 도와 주실거죠?

셋째 : 손님인데……

둘째 : ……

첫째 : 이불 빨래. 막내랑.

막내 : 나?

둘째 : 밟아요. 꽉 꽉

첫째 : 우린 이만.

셋째 : 언니!!!

둘째 : ……

〈노래〉 **나는 지금 여기서 / 애인, 막내**

나는 지금 여기서 뭘 하고 있나 즐거운 휴일 애인과 함께
보내려 했는데 때를 잘 못 맞췄구나.
내게 왜 맨날 힘든 일 만 시키나 누나들도 힘깨나 쓰면서
아무리 보아도 튼튼한 다리와 팔뚝
우리 천상의 낙원은 어딜까 맘 편히 만날 수 있는 곳
일을 시키려면 밥을 주시던가. 밥 밥

막내 : 배고파.

셋째 : 호준 씨도..

첫째 : 뭐 먹을까?

둘째 : 짜장면?

모두 : 떵호와 반점.

둘째 : 오케이.

〈노래〉 **철가방 / 다역**

짜장면 시키신 분 띵호와~
띵호와 반점에서 짜장면이 왔어요
휴일의 탁월한 선택 짜장면으로 통일
남녀노소 누구나 좋아하는 맛있는 짜장면
질리지도 않고 물리지도 않는 띵호와 짜장면
만약에 그럴 리가 없겠지 만은 짜장면이 질리신다면
띵호와의 다양한 메뉴 맘껏 골라보세요
볶음밥 짬뽕 쟁반 짜장 기스면 양장피 깐풍기 울면 오무라이스
라조기 라조육 깐풍새우 팔보채 탕수육 난자완스 군만두는 서비스
그 밖에도 다양하지만 오늘은 여기까지
빈 그릇은 문 앞에 이쁘게 놔주세요.
띵호와!

셋째 : 이제 쉬자.
막내 : 졸려.
첫째 : 둘째! 옷 정리.
셋째 : 난 호준 씨랑.
애인 : 밖으로.

〈노래〉 **날씨가 너무 좋아요 / 애인, 셋째**

날씨가 너무 좋아요 호준씨. (그래요 너무 좋아요)
이런 날 공원에서 자전거라도 같이 탔으면 해요.

미안해요 이런 날 청소만 해서 어떡해. (그런 말 하지 말아요)

이렇게 같이 있는 것만으로도 난 행복하니까요.

어쩌면 그렇게 맘이 넓어요. 이럴 때 불러요. 우리 함께 사랑 노래를

우리 러브 송~ 아무렴 어때요. 이건 우리 둘만의 러브스타일~

우리 러브스타일~ 우리 러브송

첫째 : 청소 계속.

둘째 : 다 했어.

첫째 : 막내방 검사.

둘째 : 오케이.

첫째 : 막내. 오케이?

막내 : 오케이.

둘째 : 악! 냄새!

첫째 : 왜 그래? 무슨 냄새?

〈노래〉 냄새 / 첫째, 둘째

막내야 이 냄새의 근거지는 어디냐.

막내야 네 속옷의 유통기한은 언제까지냐.

모르는 말씀 다 누나들 편하게 하려.

기본 일주일은 입어주셔야 하는 정도의 센스.

막내야 이 냄새의 근거지는 어디냐.

막내야 네 속옷의 유통기한은 언제까지냐.

둘째 : 야!

첫째 : 막내. 똑바로 해.

막내 : 깨끗하게 했어.

첫째 : 둘째 (동시에) 이리와!

막내 도망가고 첫째와 둘째가 잡으러 갈 때 교인 들어온다.

〈노래〉 예수 송 & 아미타불 송 / 다역

나는 구원열차 올라타고서 하늘나라 갑니다.

예수 이름으로 예수 이름으로 승리를 얻었네.

나무아미타불 관세음보살 반야바라…….

나는 구원열차 나무아미타불 올라타지 관세음보살

예수이름으로 나무아미타불 관세음보살

쫓고 쫓기며

해설 : 즐거운 휴일 하루가 지나가고 있습니다. 청소도 하고 빨래도 하고 그리고 가끔은 싸우기도 하고. 정말 화목한 가정이지 않습니까? 부모님이 안 계시는 가운데 부모의 역할을 하는 큰 딸부터 철부지 막내까지, 그리고 엉겁결에 뛰어든 애인도. 정말 즐겁게 살아가는 행복한 가족입니다. 자, 이쯤에서 뭔가 문제가 생기게 됩니다. 무슨 문제일까요? 자, 지금부터는 무슨 문제가 생기는지, 그리고 그 문제는 어떻게 전

개되고 진행되는지 보다 유심히 살펴보시도록 하겠습니다.

〈노래〉 휴일 하루 / 전체

모두들 휴일 하루를 끝마치고서 너도 지치고 나도 지치고

너도 하 나도 하 모두들 지치지만

웃으며 하루를 마무리하자 너도 웃고 나도 웃고

너도 하 나도 하 우리의 즐거운 휴일

암전.

#3 사고

조명 인되면 둘째 화가 나서 들어온다.

〈노래 9〉 날 무시하지마 / 둘째

그래 그래 난 이렇게 무시당할 수는 없어.
그래 그래 지가 유학파면 다야?
그래 그래 난 이렇게 무시당할 수는 없어.
그래 그래 지가 과장이면 다야?
왜 날 무시해? 난 무시당하기 싫어.
왜 날 무시해? 난 인정받고 싶어.
나만의 이름을 딴 내 부띠끄.

조명 바뀌며 선배 등장. 아래 선배와 둘째의 대사 중 셋째도 들어온다.

선배 : 어이, 은지 오랜만이야.

둘째 : 선배. 반가워요.

선배 : 그런데, 웬일로 잘 나가시는 신은지 씨가 날 다 보자고 했어? 지난번엔 같이 일하자고 하니까 싫다고 하더니?

둘째 : 잘 나가긴 뭐가 잘나가요? 선배 나 좀 살려줘요. 나 도저히 더 이상 견디기가 어려워요.

선배 : 글쎄. 지난번에는 내가 같이 일하자고 하니까 싫다고 하더니.

둘째 : 선배. 그 얘기는 그만 하자고요.

선배 : 지난번에는 내가 같이 일하자고 하니까 싫다고 하더니. 이미 늦었어. 다른 사람 찾아서 다 준비 끝났어. 곧 런칭이야. (나가며) 런칭에 꼭 와야 돼.

둘째 : (막아서며) 그러지 말고. 나도 좀 끼워줘요.

선배 : 지난번에는 내가 같이 일하자고 하니까 싫다고 하더니. 이미 다 끝났다니까. 곧 런칭이라구.

둘째 : 내가 지난 번 부족하다고 한 돈 다 댈게요.

선배 : 글쎄. 지난번에는 내가 같이 일하자고 하니까 싫다고 하더니.

둘째 : 선배!

선배 : 그건 나 혼자 결정할 문제는 아니고. 동업자하구 얘길 해봐야 할 문제야. 그런데 아마도 그게 쉽게 되지는 않을 거야. 그 사람도 자기 몫을 댔는데 누가 그거 나눠 먹자고 하면 좋아하겠어? 하여간 내가 다시 얘기해보고 연락할게.

선배 퇴장. 첫째와 셋째는 앞의 노래 도중 등장해 있다.

〈노래〉 나를 말리지마 – reprise / 둘째

날 말리지마 나는 지금 결정돼 있어.
날 말리지마 나는 믿어 나의 선택을
나를 말리지마 제발 나를 말리지 말라구.
(날 말리지마 날 말리지마)

걱정 말아 모두 다 잘 될 거야.
(걱정 하지마 다 잘 될 거야)
나는 믿어 내 의지와 결정을
(확고한 나의 의지와 결정)
그래 두고 봐 모두 난 할 수 있어.
내가 만들 부띠끌 생각해봐.
(내 꿈과 희망 나의 부띠끄)
생각할 것 없어 모둘 위한 거야.
결정은 끝났어.

둘째 : 나, 부띠끄 런칭하는데 아빠 엄마가 남겨준 유산 중 내 몫이 필요해. 집 팔아서 내 몫을 가져갈게.

둘째 퇴장한다. 첫째와 셋째 놀라서 따라 들어가고

첫째 : 뭐라고? 둘째야!

전화벨 울리고 셋째 나와 전화 받고

셋째 : (깜짝 놀라 전화받으며) 여보세요? 네. 네? 잠깐만요. 언니!

첫째 : (대답이 없다.)

셋째 : 큰 언니 전화받아.

첫째 : (방안에서) 나 없다고 해.

셋째 : 경찰서래. 막내에게 무슨 일이 있는가봐.

첫째 : (뛰어 나오며) 뭐라구? 여보세요? 네. 네? 금방 가겠습니다.

조명 바뀌고

해설 : 드디어 일이 벌어지는 것 같습니다. 둘째가 사업을 하겠다고 유산으로 물려받은 집을 팔겠다면서 가족 간에 갈등이 생깁니다. 그리고 막내에게도 무슨 일이 있는 것 같습니다. 막내는 왜 경찰서에 갔을까요? 왜?

조명 바뀌며 술 취한 막내와 그 친구들. 술 취해 한바탕 난장판.

〈노래 10〉 이 나라는…… / 막내

이 나라는 지금 어디로 가고 있느냐?
이 나라의 앞날은 어디로 갈 것이냐?
우리 모두 조국과 민족의 미래를 위하여
젊은 대한의 대학생들이여 모두들 일어나.
국회의원들 서로 잘 났다고 욕하고 싸우는
그 놈들에게 어떻게 우리의 미래를 맡길 수 있느냐?
날 국회로 보내줘. 날 국회로 보내줘.
차라리 내가 해도 이것보다 낫겠다.
날 국회로 보내줘. 날 국회로 보내줘.
제발 제발 보내 줘 국회로 보내 줘.

막내 깽판치고 있는데 경찰이 다가와 뒷통수 한대 때리고 끌고 간다. 조명 바뀌면서 경찰서. 이후 장면은 집과 경찰서가 동시에 한 무대에서 진행된다.

경찰 : 야, 정신 차리고 똑바로 대. 너 혼자 한 짓이야?

막내 : 저, 아저씨. 그렇게 무섭게 묻지 마세요.

경찰 : 야, 임마! 그러니까 똑바로 대라는 거 아니야. 너 혼자 한 짓이야 아니면 다른 놈도 있어?

막내 : (울며) 아저씨. 무서워요.

경찰 : 이거 아주 웃기는 놈이네. 아니 국회 밀어버리겠다고 포크레인 몰고 기세 좋게 달려들던 놈이 어째 이렇게 변했어? 니가 진짜 국회에 포크레인 몰고 갔던 놈 맞냐?

막내 : (여전히 울기만 한다.)

첫째 : (들어오며) 아니, 막내야!

막내 : 누나! (마구 운다.)

첫째 : 그래. 그래. 이 누나가 다 해결할게. 이것 보세요. 왜 애를 이 지경으로 만들어 놓으신 겁니까?

경찰 : 네? 난 아무 짓도 안 했는데.

첫째 : 안 했는데 왜 애가 이 모양이냐고요? 당신이 경찰이지 깡패예요?

경찰 : 아니, 저 흥분하지 마시고……

첫째 : 내가 지금 흥분 안하게 됐어요? 당장 경찰 불러 주세요.

경찰 : 아니, 이러지 마시고. 경찰은 이미 여기에 있어요. 민중의 지팡이!

첫째 : 그럼 빨리 수갑 차세요.

경찰 : 네?

첫째 : 수갑 차란 말이에요.

경찰 : 이것 보세요.

첫째 : 보긴 뭘봐요. 빨리 수갑 차라구요.

경찰 : (버럭) 이것 보시라구요.

첫째 : 네?

경찰 : 당신 뭡니까?

첫째 : 저요? 전 얘 큰 누나 되는데요.

경찰 : 큰 누나면 경찰서에 와서 이렇게 행패 부려도 돼요?

첫째 : 행패라니요? 제가 무슨 행패를 부렸다고……

경찰 : 그럼 지금 나에게 수갑 차라고 악 쓰는 게 행패가 아니고 뭡니까?

첫째 : 아니, 저는 그냥. 우리 애가 울고 있기에.

경찰 : 그래서요?

첫째 : 예? 그러니까 그게. 죄송합니다.

경찰 : 뭘 알기나 하고 이렇게 설치시는 겁니까? 이 놈이 술 취해서 국회를 밀어버리겠다고 포크레인 몰고 국회로 돌진한 놈이란 말입니다.

첫째 : 네? 너 진짜 그랬어? 손 들어.

막내 : 누나……?

첫째 : 빨리 손들란 말이야.

경찰 : 저 여보세요. 그렇게 손들고 끝날 일이 아닙니다. 일단 사건

의 전모를 밝혀서 조서를 꾸며야 하니까 조금 기다리세요.

조명 바뀌며 둘째 해설에게 집 구경을 시키고

복(해설) : (손님들을 데리고 들어오며) 집 좋죠. 아담하고 예쁘죠. 그냥 오셔서 사시면 됩니다. 얼마나 좋습니까? 방도 크고 이 방은…… (막내 방을 열다가 냄새를 맡고) 다른 방을 먼저 보시죠.

손님들이 집을 돌아보는 중 조명 바뀌며 경찰서.

첫째 : 왜 그랬니? 왜 그랬어?

막내 : 미안해 누나! 나 술 마시면 매일 하는 얘기잖아. 친구들하고 술 마시다가 내가 너무 순하고 바보 같다고 해서 홧김에 그만.

경찰 : 화나면 포크레인 몰고 국회로 가냐?

막내 : 죄송합니다.

경찰 : 얘 전공이 뭡니까? 정치, 경제, 사회?

첫째 : 애견미용관데요.

경찰 : 애견미용?

조명 바뀌며 또 다른 손님들 집 보러 들어오고

복 : 어때요? 괜찮죠? 날짜만 잡으시면 바로 들어오실 수 있습니다. (막내 방으로 향하다가) 이 방이 아니고 저 방을 일단 먼저 보시죠. 아주 튼튼하게 지어진 집입니다. 이런 집 찾기 어려우실 겁니다. 정말 딱 맞는 집 아닙니까? 그냥 계약합시다.

조명 바뀌어 경찰서

막내 : 안돼! 누나, 나 좀 어떻게 해줘.

첫째 : 저, 어떻게 조용히 처리하는 방법이 없을까요?

경찰 : 글쎄요. 얘가 한 짓이 워낙 황당한 일이라서 지금 상부에서도 고민 중이랍니다.

첫째 : 이 일을 어쩌냐? 이러고 있으면 어떡하냐고?

조명 바뀌어 집

복 : (또 다른 사람들과 들어와) 끝내주죠? 항상 있는 물건이 아니

예요. 빨리 잡아야 해요. 이미 여러 사람이 계약하겠다고 하고 있습니다.

조명 바뀌어 경찰서

경찰 : 드디어 결정이 났습니다. 학생이 술 기운에 한 일이라고 훈방 조치하기로 했습니다.

조명 바뀌어 집

복 : (객석의 누군가에게) 됐죠? 이 정도면 정말 훌륭하죠? 계약 하시죠?

〈노래 11〉 아리까리 / 다역

아리까리까리 헷갈리지 말고 그냥 계약 하세요.
아리까리까리 고민하지 말고 그냥 도장 찍어요.
잠깐만요 더 이상 뭘 더 바래요. 이만하면 어디에도 안 빠집니다.
잠깐만요 더 이상 볼 것 없어요. 기회는 있을 때 확 잡아야 해요.
아리까리까리 헷갈리지 말고 그냥 계약하세요.
아리까리까리 고민하지 말고 그냥 도장찍어요.

조명 바뀌며 셋째는 무대에 앉아 있고 잠시 후 첫째가 막내를 데리고 들어온다.

막내 : (들어오며) 누나!

셋째 : 막내야!

첫째 : 고생한 너에게 주기에는 너무 가혹한 선물이다. 둘째가 집을 판단다. 그리고 자기 몫을 가져간단다.

둘째 방에서 나오며

둘째 : 어차피 언젠가는 팔아야 할 집이야. 그 시기가 조금 당겨졌다고 생각하면 돼.

막내 : 무슨 얘기야? 누나 하나 때문에 우리 모두가 갑자기 길거리에 나 앉아야 한다는 얘기야?

둘째 : 왜 길거리에 나 앉니? 각자의 몫이 있는데. 난 시간이 없어. 그러니까 네가 이해를 해라.

셋째 : 그만해 언니! 그 책임 없는 얘기 좀 그만해! 그래서 어쩌라고? 쟤가 지금 혼자 나 앉으면 뭘 어떻게 하란 말이야?

첫째 : 그래. 니가 생각을 다시 한 번 해 봐라. 우리는 그렇다 치더라도 저 철부지가 뭘 어떻게 하겠니? 우리 한번 더 생각해 보자.

둘째 : 그만해. 그만해. 내 생각은 확실하다고.

〈노래 12〉 이러지마 / 합창

아니 아니야 이건 아니야 니야 니야 아니야 이런 일 생길 수는 없어.

생각해 우리 가족 모두 다시 생각해 보자.

뭔가 다른 해결책이 분명 있을 거야.

내 생각을 해줘 내 앞길을 열어줘 나에게 기회를 한번만이라도 줘.

아니야 이 방법은 아니야.

이러지마 난 내 생각대로 할거야 이러지마 넌 잘못 선택 하는 거야.

이러지마 난 내 생각대로 할거야 이렇게는 더 이상 살아갈 수 없어.

복 등장해서 둘째에게

복 : 집 팔렸어.

셋째 : 안돼요. 집 안 팔아요.

둘째 : (복에게) 먼저 가 계세요. 저도 금방 갈게요.

복 : 지금이 기회야. 빨리 팔아야 돼. (나간다)

둘째 : (복을 배웅하고) 왜? 왜 날 이해 못해? 입장 바꿔 생각해 봐. 언니가 내 처지라면, 그래서 매일 무시나 당하고 중요한 일은 하나도 안 시키면서 잡일이나 시킨다면, 그래서 별 볼일 없는 인간으로 취급 당하면서 월급이나 축내는 존재로 받아

들여진다면, 언니는 그 직장 즐겁게 다닐 수 있겠어? 난 나를 이해해줄 줄 알았어. 내 가족이니까 이런 나를 이해해주리라 생각했어.

셋째 : 이건 이해하고 안하고의 문제가 아니야. 우린 당장 어쩌라고? 난 취직도 못하고 있어. 막내는 이제 대학 다니기 시작했어.

둘째 : 니가 취직하는 것과 집은 서로 별개의 문제야. 그리고 막내도 이제 어린애가 아니야. 그리고 난 이미 내 퇴직금이며 은행 대출이며 모두 받아서 다 선배에게 넘겼어. 이젠 되돌릴 수 없다고. 제발 날 이해해 줘. 내가 이 집 다시 살게. 돈 벌어서 다시 사면 되잖아.

셋째 : 다시 산다고? 생각대로 안 되면? 그땐 어떻게 할건데? 죽기라도 할거야?

둘째 : 뭐라고? 너 지금 날 협박하는 거니?

셋째 : 그래. 협박이야. 협박하는 거야. 정말 협박하는 거야. (분위기 바뀌며) 그러고 싶어. 정말 그랬으면 좋겠어. 언니가 내 언니가 아니고 남이라면 정말 그렇게 할거야. 우리가 가족이 아니라면 그렇게 하고 말 거야. 그런데 어쩌겠어? 내 언니잖아. 내 언닌데 밉다고 내가 어떻게 길을 막겠냐고? 내 언닌데 어떻게 길을 막겠냔 말이야?

셋째 울며 퇴장한다. 둘째 밖으로 나가고 첫째도 자기 방으로 들어 간다. 막내도……

〈노래 13〉 왜 존재하는지 / 해설

왜 존재하는지 도대체 가족은 무언지
모두 생각해 봤는지 가족이 왜 존재하는지
아버지 어머니 모두 그리워져요
사랑스런 가족과 보낸 행복한 시간
집은 팔려 버리고 이젠 어디로 갈는지
둘째의 고집을 막지 않은 떠나야 하는 형제들
다시 돌이킬 수 없어 이렇게 떠나가지마
모두 행복했던 시간 다시 돌아와 줘 더 늦기 전에

암전.

#4 막내의 사고

암전에서 다시 노래. 전주 나오고 조명 들어오면 다시 막내 흥분하여 노래한다.

〈노래〉 이 나라는…… – reprise / 막내

이 나라는 지금 어디로 가고 있느냐?
이 나라의 앞날은 어디로 갈 것이냐.
우리 모두 조국과 민족의 미래를 위하여
젊은 대한의 대학생들이여 모두들 일어나.

노래 도중 경찰 등장해서 뒤통수 때리며 다시 끌고 간다.

경찰 : 야! 너 왜 또 그래? 뭐가 불만이야? 응? 왜 그래? 또 술 마시고 사고 쳤잖아!

막내 : 그렇게 소리지르지 마세요. 무서워요.

경찰 : 이거 완전히 두 얼굴의 사나이네. 술 마시면 용감해 지는 거 보니까. 이번엔 도저히 안 되겠다. 내가 누나 생각을 해서 잘 봐주려고 했는데 콩밥 좀 먹어야겠다.

막내 : (소리 내 운다.)

경찰 : 야! 시끄러! 너희 누나오면 또 나만 혼난단 말이야.

막내 : 사실은요. 제가 안 그러려고 했는데. 그런데, 술 한잔하고 집에 오는데 길거리에 레미콘 차가 있어서 그냥 한번 몰고 갔어요. 용서해 주세요.

경찰 : 아니, 그래. 그런데 왜 하필 또 국회냐고? 그 시간에 무슨 국회의원들 개 미용이라도 시킬 거냐?

막내 : 우리 누나 언제 온대요?

경찰 : 기다려 임마. 내가 조서 다 꾸미고 연락할 테니까.

막내 : 그럼 안 되잖아요. 피의자의 권리가 있는 건데. 변호사가 옆에 있어야 하잖아요.

경찰 : 변호사 좋아하네. 너 애견미용과라며? 그럼 레미콘 차 몰고 국회 쳐들어갈 생각 말고 개털이나 잘 깍을생각해.

막내 : 네? 개털이나 깍아요? (마구 운다.)

첫째 : (들어오며) 아니. 막내야. 너 왜 또 우냐? (경찰에게) 왜 또 우리 애를 울리세요?

막내 : 누나! 저 아저씨가 나더러 개새끼래.

첫째 : 뭐라구?

막내 : 나더러 개새끼라고 했다니까. 개새끼라구 개새끼.

경찰 : 야! 너 왜 거짓말하냐? 내가 언제 너더러 개새끼라고 했어?

첫째 : 아니, 정말 내 동생한테 개새끼라구 했단 말이에요?

경찰 : 아닙니다. 제가 왜 그런 얘길 했겠습니까?

막내 : 했어요. 나보고 개새끼라고 했어요. (더 목놓아 운다.)

첫째 경찰을 노려보며 다가간다.

첫째 : (경찰에게) 너 이리와! 빨리 안 와. 선생님이 오라고 하시면 빨리 뛰어 와야 할 것 아니야. 빨리 뛰어와!

경찰 : 저 이것 보세요. 지금 뭔가 착각하시나 본데.

첫째 : 그래도. 너 자꾸 선생님 말씀하시는데 토 달 거야? 빨리 이리 오란 말이야!

경찰 : 잠깐만요. 왜 이러세요?

셋째와 애인 뛰어 들어오며

셋째 : 언니! 아니야! 그 분은 학생이 아니야. 경찰이야.

첫째 : 어머. 죄송합니다.

경찰 : 이거 정말 이상하군요. 흥분하면 바뀌는 게 집안 내력이신가 보네요.

첫째 : 정말 죄송합니다. 제가 조금 흥분했었나 봅니다.

경찰 : 하여간 황당해서 말이 안 나오는군요. 도대체 동생 교육을 어떻게 시키신 겁니까? 술만 마시면 완전히 딴 사람이 되는

군요.

첫째 : 죄송합니다. 정말 죄송합니다. 제가 잘 알아듣도록 단단히 교육을 시킬 테니까 제발 잘 해결될 수 있도록 도와주십시오. (막내에게) 너 이리와! 빨리 안 와! 선생님이 부르시는데 왜 안 오고 그러고 있어? 빨리 와! 손바닥 내밀어.

경찰 : 저. 이것 보세요.

첫째 : 가만히 두세요. 제가 일단 교육을 시킬 테니까요.

막내 : 누나. 용서해 줘. 다시는 안 그럴게.

첫째 : 시끄러! 술 마시고 문제 일으키는 것도 한두 번이지 도대체 왜 이러는 거니?

막내 : 누나. 나 이제 겨우 두 번째잖아.

첫째 : 시끄럽다니까! 이리 따라와. (한쪽으로 빠지고)

애인 : 은미 씨. 그런데 왜 동생분이 경찰서에 오게 된 거예요?

셋째 : 술 먹고 레미콘 차 몰고 국회로 쳐들어갔대요.

애인 : 지난번에도 국회로 포크레인 몰고 갔다고 하지 않았어요?

셋째 : 네. 그때도 술 마셔서 그렇게 됐죠.

애인 : 참 훌륭한 동생을 두셨군요.

셋째 : 무슨 말이에요?

애인 : 그러니까 동생이 온 국민을 대신하여 희생했다는 것 아닙니까? 정말 훌륭한 동생입니다.

셋째 : 아니에요. 그게 아니에요.

애인 : 아니에요? 그게 아니에요? 죄송합니다. (뛰쳐나가려 한다)

셋째 : 저 경찰 아저씨. 제 동생 좀 잘 봐주세요. 재 절대로 나쁜 아

이 아닙니다. 술도 못하면서 술을 마셔서 저렇게 돼서 그렇지 정말 착한 아이입니다.

경찰 : 그래. 착한 것 좋습니다. 그런데 왜 하필 또 국회냐고요?

애인 : 훌륭하잖습니까? 온 국민을 대신해 국회로……

경찰 : 뭐라고요?

애인 : 참 그게 아니었죠. 죄송합니다. (또 울려고)

경찰 : 가훈을 바꾸셔야겠네요. "흥분하지 않기" 이런 걸로요. 어쨌든 제가 보기에도 착하긴 한 것 같습니다.

애인 : (셋째에게) 너무 걱정하지 말아요. 잘 되겠죠.

첫째 : (동생을 데리고 와서) 빨리 빌어. 용서해 달라고 빌어.

막내 : 아저씨 죄송해요. 용서해 주세요.

첫째 : 이것 보세요. 완전히 반성하고 있잖아요. 용서해 주십시오.

경찰 : 글쎄. 용서하고 안하고는 저의 개인적인 능력이 아닙니다. 하여간 저도 최선을 다 할 테니 일단 돌아가서 기다리십시오.

모두가 퇴장 후 경찰 고민하며 무언가를 열심히 쓴다. 해설 그 뒤에 서서 경찰이 쓰는 것을 읽는다.

해설 : 친애하는 국회의장님 그리고 모든 국회의원 여러분. 저는 평범한 일개 경찰에 지나지 않습니다. 단지 저에게 주어진 일에 최선을 다하고 저의 길을 묵묵히 가고 있는 평범한 한 공무원에 불과합니다. 저는 이 땅의 미래를 책임질 한 젊은

이의 앞길을 의장님께서 널리 밝혀 주시기를 바라는 간절한 마음으로 글을 올립니다.

경찰 : (쓰던 걸 들고 앞으로 나서며) 이번 레미콘 사건은 의장님을 비롯한 국회의원 모두를 모독한, 나아가 우리 국민 모두를 모독한 괘씸한 사건임에 틀림없습니다. 정말 일벌백개로 다스려야 할 중대한 죄라 생각합니다. 그러나 한발 뒤로 물러서 생각한다면 이 학생을 용서해 주시는 것이 한 가족의 평화를 지켜 줌으로써 국회의 권위를 살릴 수 있는 좋은 방법이라 생각합니다. 저 학생의 부모님은 모두 돌아가셨고 현재 누나들 셋과 함께 살고 있습니다. 정말 순수하고 착한 학생입니다.

〈노래 14〉 용서해주십시오 / 경찰

용서해 주십시오. 젊은 날의 혈기로 인한 잘못을
용서해 주십시오. 한 순간의 흥분을 참지 못함을
저 학생은 지금 깊이 반성하고 있습니다. 그 가족 모두도
저 가족의 평화를 깨지 말아 주십시오. 부탁드립니다.
저들이 함께 행복하게 살도록 허락해 주십시오.
가족의 힘과 소중함을 깨닫게 선처해 주십시오.
용서해 주십시오.

암전

#5 둘째의 사고

조명 바뀌고 첫째와 셋째, 막내 앉아 있다. 텔레비전에서는 또 무언가 재미있는 프로그램이 진행된다. 모두가 신나게 웃은 후,

셋째 : 절대 언니를 용서할 수 없어. 이건 아니야. 가족이 뭐야. 형제가 뭔데. 안 돼. 절대로 안 돼. 난 절대로 언니와 같이 살지 않을거야.

애인 : (들어오며) 실례합니다.

셋째 : 아니, 호준 씨! 연락도 없이.

애인 : 저야말로 연락도 안 되고 해서 이렇게 쳐들어 왔습니다. 무슨 일 있습니까?

셋째 : 아니에요. 아무 일도 아니에요.

막내 : 우리 집이 팔렸답니다.

셋째 : 작은 언니 사업자금 때문에 돈이 필요해서 집을 팔았어요.

애인 : 그래요? 대단한 양보십니다.

막내 : 무슨 말씀이세요?

애인 : 그러니까 넷 중 한 사람의 사업을 위해서 모두가 양보하셨다는 것 아닙니까? 정말 부럽습니다.

셋째 : 그게 아니고. 그게 아니란 말이에요.

막내 : 참. 답답하네.

첫째 : 그렇죠 뭐. 형제 사이에.

애인 : 은미 씨. 정말 훌륭하세요.

막내 : 그게 아니란 말이에요. 누나가 돈이 필요해서 혼자 이 집을 팔고 우리는 길바닥에 나 앉게 되었단 말이에요. 길바닥에.

애인 : 네? 그래요? 죄송합니다. (또 나간다)

셋째 : 호준 씨! 아이고 저 병신. 죄송하다고 나가는 게 무슨 주특기냐?

애인 : (다시 들어오며) 은미 씨! 나 찾았죠?

〈노래 15〉 방법이 있겠죠 / 애인

걱정하지 말아요. 무슨 방법이 있겠죠.

집이 팔렸다해도 당장 갈 곳이 없는 것도 아닌데 힘내요.

(고마워요 그 마음 그 마음 잊지 않을게요.)

걱정 하지 말아요. 내가 도와줄게요.

하늘이 무너져도 솟아날 구멍이 있다고 했잖아요.

더 좋은 일이 있기 위한 시련이라 우리 생각합시다.

걱정 말아요.

셋째 : 고마워요. 잘 되겠죠.

애인 : 자 우리 나가죠. 내가 저녁 살 테니까.

첫째 : 아니에요. 그러지 않으셔도 돼요.

애인 : 아닙니다. 이렇게들 우울하신데 제가 뭔가 보탬이 돼 드리고 싶어서 하겠다는 거니까 말리지 마십시오.

막내 : 그러자 누나. 가서 저녁이나 먹으면서 기분 전환이라도 하지.

애인 : 그래. 처남.

셋째 : 처남?

애인 : 자 나갑시다. 기왕이면 저녁 먹고 영화도 한편 보고 들어오죠.

셋째 : 그래요. 언니. 나가자!

첫째 : 그래. 나가자.

애인 : 좋습니다. 자 출발!

모두 나가려는데 둘째 거칠게 들어온다.

〈노래 16〉 이럴 수 없어 / 둘째

이럴 수 없어. 이럴 수 없어.
믿었던 선밴데. 이럴 수 없어.
집까지 팔아서 돈을 들이 댔는데.
나한테 이럴 수 없어.
난 사기 당했어.

첫째 : 뭐라고?

둘째 : 난 사기 당했단 말이야. 그 선배가 다 가지고 튀었단 말이야.

셋째 : 잘했다. 잘했어.

둘째 : 뭐라고?

셋째 : 잘했다고. 그래서 우리가 뭐랬어? 서두르지 말라고 했잖아.

애인 : 은미 씨. 참아요. 그렇게 말하면 안돼요.

둘째 : 너 지금 누구 죽는 꼴 보려고 그러니?

셋째 : 그래. 죽어. 차라리 죽어 버려. 그렇게 똑똑하면서 사기는 왜 당하냐? 그렇게 저 혼자 잘되겠다고 집까지 팔아 치웠으면서 왜 여기서 한탄이냐고? 차라리 나가 죽어.

첫째 : 셋째야!

셋째 : 왜? 왜? 내가 뭐 말 잘못했어? 내가 못할 소리 했어? 이건 아니야. 이런 바보 같은 일이 있어서는 안 돼. 그 돈이 어떤 돈인데, 그 돈이 어떤 돈인데. 엄마 아빠가 물려주신 소중한 집을 판 돈이야. 이건 아니야. 차라리 나가 죽어. 난 너 같은 거 꼴도 보기 싫어. 나가 죽으란 말이야. 나가! 나가! 이 집에 니 몫은 이제 없으니까 사라져. 나가! 없어지란 말이야.

막내 : 그래. 맞아. 나도 더 이상 누나 보고 싶지 않아. 누나의 그 이기심 때문에 난 이제 뭘 어떻게 해야 할지 모르겠어. 누나가 내 누나 맞아? 집을 판다고 할 때 날 한번이라도 생각해 봤어? 안 돼. 여기에 누나의 몫은 더 이상 없어. 나도 누나가 나가길 바래. 더 이상 누날 보고 싶지 않으니까.

둘째 부들 부들 떨다 휙 나가고..

〈노래 17〉 나는 지금 / 막내

나는 지금 꿈을 꾸고 있나 행복했던 우리 형제
우리에게 무슨 일이 생긴 걸까 나는 어떡해야 하나.

누나들은 또 어떡하나 우리 가족 우리 형제
사랑하는 엄마 아빠 너무 보고 싶어.
하늘나라에서라도 지켜보시겠지.
행복했던 그 시절로 다시 돌아가고 싶어라.
나는 꿈을 꾸는 것이겠지 이건 꿈이겠지.
즐거웠던 그 시절로 다시 돌아가고 싶어라.
어서 이 꿈에서 깨어나야지.
어서 이 꿈에서 깨어나야지.

암전.

#6 가족

조명 인되면 흥신소. 해설 주머니에서 검은 안경을 꺼내 쓰고

첫째 : 실례합니다.

흥 : 네 어서 오십시오. 자 일단 이리로 앉으시죠. 그래 뭘 도와 드릴까요?

첫째 : 사람을 좀 찾으려는 데요.

흥 : 사람? 좋죠. 사람을 찾는 것이 바로 우리 전문입니다. 그래. 무슨 일이십니까? 말씀만 하십시오. 돈이라도 뜯기셨나요? 얼맙니까? 이자를 따블로 쳐서 다 받아 드리겠습니다. 우선 이름과 나이 그리고 집 주소, 친구 형제 관계……

첫째 : 그게 아니고.

흥 : 아, 그게 아닙니까? 그럼 뭐 사람 찾는 게 우리 전문인데. 아, 이제 알겠습니다. 그러니까 도망이로군요. 나쁜 놈이네요. 아니 사람을 이 지경으로 만들어놓고 도망을 갔단 말씀입니까? 이 새끼를 그냥! 어떻게 잡아 올까요? 아예 다리라도 분질러서 옆에 앉혀 드릴까요? 아니면 레미콘 쳐서 묻어놓고 사진으로 가져 올까요? 그도 아니면 섬으로 팔아 치울까요?

첫째 : 그런 게 아니라니까요.

흥 : 그게 아니에요?

첫째 : 저기요. 동생을 찾고 있어요.

흥 : 아! 동생. 개가 그러니까 집 문서를 들고 튀었군요. 집 팔리기 전에 빨리 잡아야겠네요. 감히 집 문서를 들고 튀다니. 나쁜 놈이군요. 하지만 걱정 마십시오. 금방 잡아 드릴 테니까. 자 그럼. 인상착의를 말씀하시고 기타 등등 필요한 사항을 말씀하십시오. 우리가 딱 일주일 만에 바로 찾아 이 자리로 데려 오겠습니다. (무대 뒤를 향해) 어이! 준비 다 됐지? 찾으러 가자구.

사람들 몰려나오고 안무와 더불어 찾으며 노래한다.

〈노래 18〉 누가 이 사람을 / 다역

그의 성은 신 이름은 은지 나이는 스물여덟 먹을 만큼 먹었는데
다 큰 여자가 따뜻한 집 놔두고 화려한 도시를 방황하고 있네.
눈 코 입 붙어있는 평범한 얼굴 별다른 특징 없는 평범한 제보.
대한민국 여자가 어디 한둘이냐 차라리 서울에서 김서방을 찾겠다.
나의 인생은 비밀스런 움직임.
누가 이 사람을 혹시 본적 없는가요.
주윌 둘러봐요 꼭 찾아야만 합니다.
누가 이 사람을 혹시 본적 없는가요.
주윌 둘러봐요 꼭 찾아야만 합니다.
누가 이 사람을 혹시 본적 없는가요.
주윌 둘러봐요 꼭 찾아야만 합니다.
누가 이 사람을 혹시 본적 없는가요. 비밀스런 움직임.

흥 : 죄송합니다. 찾을 수가 없습니다.

첫째 : 그래요? 그럼 할 수 없죠.

흥 : 죄송합니다. (퇴장한다.)

첫째 : (전화를 건다.) 여보세요? 네. 안녕하세요? 저 기억나시죠? 그 포크레인하고 레미콘이요.

전화기 들고 있는 경찰에게 조명. 첫째와 경찰 듀엣.

〈노래 19〉 이제 돌아와 / 첫째, 경찰

어디에 있는지 알 수가 없어요. 지금 난 이렇게 후회하고 있어요.
항상 즐거웠던 지난 날 생각이 자꾸만 떠올라 너무 힘들어요.
너무 걱정하지 말아요. 그토록 애타게 기다리면 돌아오겠죠.
좀더 잘했어야 했는데 차라리 나를 원망해 이제 돌아와
시간을 멈춰 주세요. 그렇게라도 되돌릴 수 있다면
이대로 살아 갈수 없어요. 우린 형제니까 모든 걸 이해하면 되요.
당신 원하신다면 언제나 도와줄게요.
시간을 멈춰 주세요. 그렇게라도 되돌릴 수 있다면
이대로 살아 갈수 없어요. 우린 형제니까 모든 걸 이해하면 되요.
제발 이제 돌아와

경찰들 등장해 이곳 저곳을 찾아보며 퇴장한다.

해설 : (등장하며) 사업을 하려다 잘못돼 사기를 당하고 누나는 가

출을 했습니다. 가출한 누나는 지금 어디에 있을까요? 이럴 때 부모님이라도 계시면 의지라도 할 텐데. 아버지의 인자함과 어머니의 자상함이 정말 그리워지는 순간입니다. 어머니. 아버지.

〈노래〉 불효자는 웁니다 / 해설

불러봐도 울어봐도 못 오실 어머님을
원통해 불러보고 땅을 치며 통곡해요.
다시 못 올 어머니여 불초한 이 자식은
생전에 지은 죄를 엎드려 빕니다.

해설 : 어머니 아버지!!!!!!

암전

#7 결혼

조명 인되면

막내 : (작게 길게 지르며) 여러분!! (조명 인) 여러분!! 정말 감사합니다. 이렇게 많은 분들이 축하의 자리에 함께해 주셔서 더 이상 뭐라 드릴 말씀이 없습니다. 정말 감사합니다.

셋째 : (조명 안으로 들어오며) 그래요. 정말 이 자리에 와 주신 모든 분들께 진심으로 감사의 말씀을 드립니다. 정말 정말 감사합니다.

애인 : (조명 안으로 들어오며) 저도 축하의 말씀을 드립니다. 이 가정의 예비 구성원으로써 오늘의 이 일을 진심으로 축하드립니다.

막내 : 자 그럼, 행진이 있겠습니다. (첫째가 들어오면) 우리와 같은 박수로 환영해 주시기를 바랍니다.

〈노래 20〉 결혼 축가

축하합니다. 우리 큰 언니 결혼을.

축하합니다. 축하 진심으로 축하해.

첫째 : (이미 눈물이 고여 있다.) 감사합니다. 정말 감사합니다. 이렇게 많은 분들이 축하해 주실 줄은 몰랐습니다. 정말 감사합니다. 엄마 아빠 나 결혼해요. 축하해 주세요. 그리고 ……

그리고 미안해요. 용서해 주세요.

경찰 : (눈물을 닦아 주며) 자, 웃어요. 당신은 웃는 게 예쁘니까. 그리고 내가 선물을 하나 준비했어요.

음악 나오며 한쪽에 꽃다발을 든 둘째 들어온다.

〈노래 21〉 나 때문에 / 둘째

나 때문에 집도 잃어버리고. 나 그 동안 후회 많이 했어.
내가 왜 이렇게 됐나 생각도 많이 했어. 그렇지만 모두 다 아니었어.
이것 때문이다. 저것 때문이다. 원망도 많이 했어.
하지만 아니었어. 모두 나 때문이었어. 나의 이기심 때문이었어.
미안해 정말 미안해. 이제야 알았어. 가족이 소중한 걸.
언제나 함께 하리라. 나의 마지막은 가족 품이라는 걸.

둘째 : (가족들과 모두 껴안고) 미안해. 정말 미안해.

음악 흐르기 시작하고.

해설 : 둘째가 돌아왔습니다. 이 가족에게 다시 행복이 찾아왔습니다. 첫째는 결혼하고 둘째는 집으로 돌아오고 셋째는 곧 취직이 되겠죠. 그리고 막내는 학교 열심히 다닐 것입니다. 술만 안마시면 문제가 없죠. 아니죠. 술 덕분에 독신을 고집하던 누나가 결혼도 하고 둘째도 찾았는데 술은 안 마실 것이 아니라 잘 마셔야겠군요. 여러분, 우리 모두 술을 잘 마십시다.

음악 커져가며

〈노래 22〉 우리는 가족 / 합창

너의 기쁨은 우리의 기쁨 너의 슬픔은 우리의 슬픔
기쁨은 함께 나누어 커지고 슬픔도 함께 나누어 가벼워지고
네가 있기에 우린 즐겁고 네가 있기에 행복한 우리
힘들 때 편히 쉬어 갈 수 있는 커다란 나무 한 그루가 돼줄게.

첫째 : 고맙습니다. 정말 고맙습니다. 엄마 아빠가 생각납니다. 당신들께서 우리에게 남기신 유산도 생각나고. 첫째 사랑할 것, 둘째 싸우지 말 것, 셋째 이해할 것 그리고 넷째 첫째 둘째 셋째 말을 잘 들을 것. 엄마. 아빠. 저 결혼해요. 축복해 주세요.

슬플 땐 힘이 되고 어려울 땐 도움 되고
괴로울 땐 용기 되며 그리울 때 서로 바라보며
서로의 어깨와 머릴 마주 대고 세상 함께 살아가는 우리.
우리는 가족.

끝.

창작 뮤지컬 〈첫째 사랑할 것!〉 악보

작사 / 작곡 이현섭

(여기 수록된 곡들은 작곡가가 대학 3학년 때 만든 곡들입니다.)

그의 이름은 사랑

작사.곡 이현섭

생일 축하합니다

작사.곡 이현섭

Am F Em
당 신
그 대 의 앞 날 의 행 복 이
F G Cmaj7 F6/C
언 제 나 람께하길
생 일 축 하
합 니 다
A D G/A D
생 일 축 하
합 니 다
당 신 의 생 일 을
G/A D F#m Bm
세 상 에 태 어 나 새 롭게 출 발 하 는 당 신
G F#m G
그 대 의 앞 날 에 행 복 이
인 제 나 함께하길

A D G/A D
생 일 축 하
합 니 다
생 일 축 하 해
G/A D G/A D
생 일 축 하 해
축 하 해
축 하 해
G/A

퍼 스 트 레 이 디

작사.곡 이현섭

A D A G D Bm
힘 들 어 도 언 제 나 동 생 들 을 생 각 하 는 난~ 피스 트 레이 디
레 이 디~ 레이디~ 레이디~ 레 이 디 레 이 디 레이디 레이디 레이디
레이디 레이디 레 이 디 레이디 레이디 레이디레이디 레 이 디 레 이 디 레이디 레이디 레이디
G A D A6
레 이 디~
레 이 디 레이디 레이디 레 이 디~
레 이 디 레이디 레이디 레 이 디~

날 말리지 마

작사 . 곡 이현섭

지나고나면

작사, 곡 이현섭

조 금 더 열 심 히 했 더 라 면 조 금 더 빨 리 깨 달 았 다 면 이 렇
게 힘 들 지 는 않 았 겠 지
나 태 함 과 게 으 름 의 덫 을 뿌 리
치 지 못 한 어 리 석 은 나
조 금 더 세 상 을 알 았 다 면 조 금 더 빨 리 깨 달 았 다 면 이 렇
게 힘 들 지 는 않 았 겠 지
사 람 들 은 항 상 말 을 하 지 지 나
면 후 회 하 는 거 라 고 이 제
는 되 돌 릴 수 없 다 고

그 대 없 이 는

작사.곡 이현섭

A C Am Em
이 제 는 고 백 할 께 요 나 는
당 신 과 함 께 라
F G C Am Em
그 대 를 사 랑 할 거 라 고 이 것 만 약 속 할 께 요 ~ 그 대
면 언 제 나 행 복 할 것 만 같 아 요 그 대 와 진 정
F Fm G
앞 에 서 진 실 된 사 랑 을 할 거 라 고 너 무
한 사 랑 을 할 거 라 고
G4/6 Em F G C
힘 들 어 도 아 무 리 지 쳐 도 ~ 그 대 없 이 는 살 아 갈 수 없 어 그 대 만
아 파 도 참 아 낼 수 있 는 사 랑 을 언 제 나 그 대 와 나 누 고 싶
Am Em F G
바 라 보 며 산 다 면 나 에 겐 더 큰 행 복 은 없 을 거 야 내 생
어 바 라 볼 수 있 다 면 나 에 겐 더 큰 행 복 은 없 을 거 야

G4/6 Em F G C
이 끝나도 다 시 태 어 나 도 ~ 그대 없이는 살아 갈 수 없 어 언 제 나
시 작 된 우 리 의 사 랑 그 대 가 없 이 는 난 살 아 갈 수 없
Am Em F Fm
그 대 를 바 라 볼 수 있 다 면 소 중 한 사 랑 지 켜 줄께 요 영 원
어 나 의 사 랑 항 상 지 켜 주 세 요 영 원
C
히
히

이건 꿈일거야

작사, 곡 이현섭

휴일하루

작사, 곡 이현섭

<모두> 일요일은청 소의 날
우리들의보 금자 리
무엇보다소 중하 고
언제나행 복을주 는
우 리 집
일요일은청 소의 날
우리들의보 금자 리
평소처럼꽤 직하 게 그
리 고 깨 끗하 게 맑 게
자 신 있 게!
<여> 그 래 도남 자라고
있 는 게.
힘 든 일궂 은일다
하 는 구 나
<막내>
내 가 뭘
난
그 래 도사 내라고
있 는 게
집 안 을든 든하게
하 는 구 나
여 자야 연 약 한 여 자야
싫 어

빨 리 해!
나 보 다 힘 들 도 좋 으 면 서
<애인> 나 는 지 금 여 기 서 뭘 하 고 있 나 즐 거 운 휴 일 에 인
과 함 께 보 내 려 했 는 데 때 를 잘 못 맞 췄 구 나
<막내> 내 게 왜 맨 날 힘 든 일 만 시 키 나 누 나 들 도 힘 꽤 나
쓰 면 서 아 무 리 보 아 도 튼 튼 한 다 리 와 팔 뚝

우 리 천 상 의 낙 원 은 어 딜 까 맘 편 히 쉴 수
우 리 천 상 의 낙 원 은 어 딜 까 맘 편 히 만 날 수
있 는 곳 일 을 시 키 려 면 밥 을 주 시 면 가 밥 밥
있 는 곳 일 을 시 키 려 면 밥 을 주 시 면 가 밥 밥
<남> 명 호 와 명 호와반 점 에 서 자 장 면이 왔 어 요 휴 일에탁 월한선 택 자장면으로 통 일
남녀노소누 구나좋 아 하 는 맛 있 는자 장 면 질리지도않 고 물리지도않는 명 호와자 장 면
맘껏 골라보 세 요

그밖에도다 양 하 지 만
오늘은여기 까 지
빈 그 릇 은 문 앞 에
이쁘게놔주 세 요
<셋째>
날 씨 가 너 무 좋 아 요 호 준 씨
<애인>
그 래 요 너 무 좋 아 요 이 런
미 안
날 공 원 에 서 자 전 거 라 도 같 이 탔 으 면 해 요
해 요 이 런 날 청 소 만 해 서 어 떡 해
그 런 말 하 지 말 아 요 이 렇

어 찌
게 같이있는것 만으로 도 난행복하니 까 요
면 그렇게맘이 넓어 요 이럴 때불러요 우리 함 께 사 랑
노 래 를 우 리 love song 아 무
렴어때요 이건 우 리 둘만 의 love style 우 리
love style 우 리 love song

<여> 막 내 야 이 냄 새 의 근 거 지 는 어 디 냐
막 내 야 네 속 옷 의 유 통 기 한 은 언 제 까 지 냐
<막내> 모 르 는 말 씀 다 누 나 들 편 하 게 하 려
기 본 일 주 일 은 입 어 주 셔 야 하 는 정 도 의 센스!
막 내 야 이 냄 새 의 근 거 지 는 어 디 냐

막 내 야 네 속 옷 의 유 통 기 한 은 언 제 까 지 냐
<남> 나 는 구 원 올 라 타 고 서 하 늘 나 라 갑 니 다 할렐 루야!
예 수 이 름 으 로 주여! 아버지! 승 리 를 얻 었 네
나 는 구 원 연 차 나 무 아 미 타 불 관 세음 보 살 올 라 타 지
예 수 이 름 으 로 주여! 아버지! 할 렐 루 관 세음 보 살

<모두> 모 두 들 휴 일 하 루 를 끝 마 치 고 서
너 도 지 치 고 나 도 지 지 고 너 도 하! 나 도 하! 모 두 들 지 치 지 만
웃 으 며 하 루 를 마 무 리 하 자
너 도 웃 고 나 도 웃 고 너 도 하! 나 도 하! 우 리 의 즐 거 운 휴
<여> 일 - -
<남> 일 - -

날 무시하지마

작사.곡 이현섭

이 나라는

작사.곡 이현섭

MIDI 07
이 나 라 는 지 금 어 디 로 가 고 있 느 냐
이 나 라 의 앞 날 은 어 디 로 갈 것 이 냐
우 리 모 두 조 국 과 민 족 의
미 래 를 위 하 여 젊 은 대 한 의 대 학 생 들 이 여
모 두 들 일 어 나 국 회 의 원 들 서 로 잘 났 다 고
욕 하 고 싸 움 해 그 놈 들 에 게 어 떻 게 우 리 의
미 래 를 맡 길 수 있 느 나 날 국 회 로 보 내
줘 날 국 회 로 보 내 줘 차 라 리 내 가 해 도
그것 보 단 낫 겠 다 날 국 회 로 보 내 줘 날 국 회 로 보 내
줘 제 발 국 회 로 보 내 줘 제 발 제 발 보 내
줘 국 회 로 보 내 줘 !

아리까리

작사.곡 이현섭

MIDI 07
Em C B7 Em Em
아 리 까리까 리 헷갈리지말고 그 냥계약 하 세 요 아 리 까리까리 고민하지 말 고
C B7 Em G Am C
그 냥 도 장 찍어요 잠 깐 만 요 더 이 상 될 더 바 래 요 이 만 하 면 어 디 에 도
B7 G Am C
안 빠 집니다 잠 깐 만 요 더 이 상 볼 것 없어요 기 회 는 있 을 때 확
B7 Em C B7 Em
잡 아 야 해 요 오 오 오 오 오 오 헤이 아리 까리까 리 헷갈리지 말고 그 냥 계 약 하 세 요
Em C B7 Em
아 리 까 리 까 리 고 민 하 지 말 고 그 냥 도 장 찍 어 요

이 러 지 마

작 사 . 곡 이 현 섭

MIDI 07
MIDI 09
MIDI 10
Em
Bm
아 니 야 니 야 이건아니 야 니 야 니
Em
B7
야 아 니 야 이 렇 게 두 고 볼 순 없 어 ~
C
G
~ 아 니 야 이 건 정 말 아 냐 다 시
Am
B7
생 각 해 보 자 뭔 가 다 른 해 결 책 이 분 명 있 을 거 ~ 야
C
Em
C
아~ 내 생 각 을 해 줘 내 앞

Am B7
길 을 열 어 줘 나 에 게 기 회 를 한 번 만 이 라 도 줘
C G Am B7
~ 아 니 야 이 방 법 은 아 나
C Em C Em
~ 이 러 지 마 난 내 생 각 대 로 살 거 야 이 러 지 마 넌
C Em C B7
잘 못 선 택 하 는 거 야 이 러 지 마 난 내 생 각 대 로 살 거 야 이렇게는 더 이상 살 아 갈 수
Em C Em
없 어 아 니 야 니 야 이 건 아 니 야 니 야 니
생 각 을 해 줘 워 ~ 내 앞 길 을
이 러 지 마 이 러 지 마

C Em C B7
야 이건아니 야 니야 니 야 이렇게는 더이상 살아 갈수
열어 줘 워 ~ ~ ~ ~ ~ ~ ~ 이렇게는 더이상 살아 갈수
이러지마 이 러 지
Em C Em
없 어 야 니야 니 야 이건아니 야 니야 니
없 어 생각을 해 줘 워 ~ 내 앞길을
마 이러지마 이러지마
C Em C B7
야 이건아니 야 니야 니 야 이렇게는 더이상 살아 갈수
열 어 줘 워 ~ ~ ~ ~ ~ ~ ~ 이렇게는 더이상살아 갈수
이러지마 이 러 지
Em
없 어
없 어
마~

왜 존재하는지

작사, 곡 이현섭

용서해주십시오

작사.곡 이현섭

방법이 있겠죠

작사.곡 이현섭

나는 지금 꿈을 꾸고있나

작사.곡 이현섭

이 제 돌 아 와

작사.곡 이현섭

C Am F G
시 간 을 멈 춰 주 세 요 그 렇 게 라 도 되 돌 릴 수 있 다 면
C Am F G
이 대 로 아 갈 수 없 어 요 우 린 형 제 니 까 모 든 걸 이 해 하 면 돼
C Am F Fm
요 제 발 이 돌 아
C
와

결혼 축가

작사 . 곡 이현섭

MIDI 07
F Am B♭ F C
축 하 합 니 다 우 리 큰 누 나 결 혼
F F Am B♭ F C
을 우 리 를 위 해 항 상 앞 장 서 던 큰 ~
F C F
언 니 어 려 운 일 도 함 께 괴 로 운
C F Gm G7
일 도 함 께 그 리 고 즐 거 운 일 도 함 께 나 누
C F Am B♭ F C
었 던 우 리 축 하 합 니 다 우 리 큰 누 나 결 혼
F F Am B♭ F C
을 축 하 합 니 다 축 하 진 심 으 로 축 하
C F
해 ~

나 때문에

작사.곡 이 현 섭

MIDI 07
G C Em Am F G
나 때 문 에 집 도 잃 어 버 리 고 나 그 동 안 후 회 많 이 했
Em Am F G Em Am F
어 내 가 왜 이 렇 게 됐 나 생각 도 많 이 했 어 그 렇 지 만 모 두
Dm G F Em Am F G
다 부 질 없 어 이 것 때 문 이 다 저 것 때 문 이 다 원 망 도 많 이 했
C F G Em Am F
어 하 지 만 아 니 었 어 모 두 나 때 문 이 었 어 나 의 이 기 심 때 문
G C G Am F Em
이 었 어 미 안 해 정 말 미 안 해 이 제 야 알 았 어 가 족
F G C G Am F Em
이 소 중 한 걸 ~ 언 제 나 함 께 하 리 라 나 의 마 지 막 은
F G C
가 족 품 이 라 는 걸

우리는 가족

작사.곡 이현섭

C F Dm B♭
슬플 땐 힘이 되고 어려울 땐 도움 되고 괴로울 땐 용기 되며
C Am D B♭
그리울 땐 서로 바라보며 서로 어깨와 머릴 마주 대고 세상
Gm C F
함께 살아가는 우리 슬플 땐 힘이 되고
너의 기쁨은 우리의
Dm B♭ C Am
어려울 땐 도움 되고 괴로울 땐 용기 되며 그리울 땐 서로 바라보며 서로
기쁨 너의 슬픔은 우리의 슬픔 기쁨은 함께 나누
D B♭ Gm C
어깨와 머릴 마주 대고 세상 함께 살아가는 우리
어 커지고 슬픔도 함께 나눠 가벼워지고

F Dm B♭
슬 플 땐 힘 이 되 고 어려울 땐 도 움 되 며 괴로울 땐 용 기 되 며
네 가 있 기 에 우 린 즐 겁 고 네 가 있 기 에 행 복 한
C Am D B♭
그리울 땐 서 로 바 라 보 며 서 로 어 깨 와 머 릴 마 주 대 고 세 상
우 리 힘 들 땐 편 히 쉬 어 갈 수 있 는 커 다 란 나 무
Gm C F
함 께 살 아 가 는 우 리 우 리 는 가 족
한 그 루 가 되 줄 께 우 리 는 가 족